Atividades físicas alternativas:
práticas corporais de aventura

EDITORA intersaberes

O selo DIALÓGICA da Editora InterSaberes faz referência às publicações que privilegiam uma linguagem na qual o autor dialoga com o leitor por meio de recursos textuais e visuais, o que torna o conteúdo muito mais dinâmico. São livros que criam um ambiente de interação com o leitor – seu universo cultural, social e de elaboração de conhecimentos –, possibilitando um real processo de interlocução para que a comunicação se efetive.

Atividades físicas alternativas: práticas corporais de aventura

Allana Joyce Soares Gomes Scopel
Alessandra Vieira Fernandes
Franklin Castillo-Retamal
Giuliano Gomes de Assis Pimentel
Luana Mari Noda
Silvana dos Santos

EDITORA intersaberes

Rua Clara Vendramin, 58 • Mossunguê • CEP 81200-170 • Curitiba • PR • Brasil
Fone: (41) 2106-4170 • www.intersaberes.com • editora@editorainterasaberes.com.br

Conselho editorial
Dr. Ivo José Both (presidente)
Dr.ª Elena Godoy
Dr. Neri dos Santos
Dr. Ulf Gregor Baranow

Editora-chefe
Lindsay Azambuja

Gerente editorial
Ariadne Nunes Wenger

Preparação de originais
Gustavo Ayres Scheffer

Edição de texto
Monique Francis Fagundes Gonçalves
Natasha Saboredo

Capa
Laís Galvão (*design*)
oneinchpunch/Shutterstock (imagem)

Projeto gráfico
Luana Machado Amaro

Diagramação
Maiane Gabriele de Araujo

Equipe de *design*
Luana Machado Amaro
Charles L. da Silva

Iconografia
Sandra Lopis da Silveira
Regina Claudia Cruz Prestes

Dados Internacionais de Catalogação na Publicação (CIP)
(Câmara Brasileira do Livro, SP, Brasil)

Atividades físicas alternativas:
   práticas corporais de aventura/Allana Joyce Soares Gomes Scopel...
[et al.] Curitiba: Intersaberes, 2020. (Série Corpo em Movimento)
   Outros autores: Alessandra Vieira Fernandes, Franklin Castillo-Retamal, Giuliano Gomes de Assis Pimentel, Luana Mari Noda, Silvana dos Santos

   Bibliografia.
   ISBN 978-85-227-0322-7

   1. Aprendizagem cooperativa 2. Atividade física 3. Atividade física – Aspectos fisiológicos 4. Educação física I. Scopel, Allana Joyce Soares Gomes. II. Fernandes, Alessandra Vieira. III. Retamal, Franklin Castillo. IV. Pimentel, Luana Mari Noda, V. Santos, Silvana dos

   20-33047   CDD-613.71

Índices para catálogo sistemático:
1. Atividade física: Educação física   613.71

Alice Ferreira – Bibliotecária – CRB-8/7964

1ª edição, 2020.

Foi feito o depósito legal.

Informamos que é de inteira responsabilidade dos autores a emissão de conceitos.

Esta obra foi submetida à avaliação por pares.

Nenhuma parte desta publicação poderá ser reproduzida por qualquer meio ou forma sem a prévia autorização da Editora InterSaberes.

A violação dos direitos autorais é crime estabelecido na Lei n. 9.610/1998 e punido pelo art. 184 do Código Penal.

Sobre as autoras

Barbara Maccario é pós-graduanda em Direito da Família pela Escola Paulista de Direito (EPD), mestra em Ciências Jurídico-Civilísticas pela Universidade de Coimbra e graduada em Direito pelo Centro Universitário Padre Albino (Unifipa). Tem experiência técnico-profissional em pesquisa, adquirida no período de estágio na *Università di Roma La Sapienza*, no qual foi bolsista pelo Programa Erasmus, promovido pela União Europeia. Atualmente, é professora na empresa Modular Acadêmico, na qual desenvolve e produz conteúdos acadêmicos na área de direito em colaboração com a rede de ensino a distância (EaD).

Milena Barbosa de Melo é doutora e mestra em Direito Internacional pela Universidade de Coimbra e graduada em Direito pela Universidade Estadual da Paraíba (UEPB). É analista de comércio exterior pela Associação Brasileira de Consultoria e Assessoria de Comércio Exterior (Abracomex). Atualmente, é docente do curso de Direito da UEPB nas disciplinas de Direitos Humanos e Direito Internacional Privado. É diretora acadêmica da Agência Nacional de Estudos em Direito ao Desenvolvimento (Anedd) e colunista do Instituto Brasileiro de Direito do Mar (IBDMar). É professora conteudista da Modular Criativo, além de consultora e pesquisadora jurídica.

Sumário

Apresentação · 9

Como aproveitar ao máximo este livro · 13

Capítulo 1
Introdução às atividades físicas alternativas · 17
1.1 Significado das atividades físicas alternativas · 21
1.2 Classificação das atividades físicas alternativas · 23
1.3 Atuação/intervenção profissional das atividades físicas alternativas · 27
1.4 Atuação profissional nos diferentes ambientes da educação física · 32
1.5 Propostas de intervenção com as atividades físicas alternativas · 39

Capítulo 2
Navegação terrestre · 47
2.1 Contextualização histórica da navegação · 50
2.2 Elementos técnicos da navegação terrestre · 56
2.3 Métodos de ensino de navegação terrestre na educação física · 71
2.4 Aplicabilidade da navegação terrestre em diferentes contextos · 77
2.5 Elementos para o desenvolvimento de aulas de navegação terrestre · 79

Capítulo 3
Parkour • 89

3.1 Contextualização histórica do *parkour* • 92
3.2 O processo de sistematização e popularização do *parkour* • 97
3.3 A institucionalização e a espetacularização da modalidade • 99
3.4 Movimentos, aspectos técnicos e gestão de risco • 105
3.5 A aplicabilidade do *parkour* em diferentes contextos • 116

Capítulo 4
Skate • 123

4.1 Contextualização histórica do *skate* • 126
4.2 Modalidades esportivas do *skate* • 131
4.3 Possibilidades de aplicação do *skate* • 138
4.4 Fundamentos técnicos do *skate* • 144
4.5 Planificação do processo de ensino-aprendizagem do *skate* • 149

Capítulo 5
Escalada • 159

5.1 As características da atividade • 162
5.2 Histórico e desenvolvimento da escalada • 165
5.3 Tipos de escalada e equipamentos • 168
5.4 Técnicas e segurança • 172
5.5 Aplicabilidade da escalada • 181

Capítulo 6
  Slackline · 187
  6.1 Contexto histórico do *slackline* · 190
  6.2 Ramificações do *slackline* · 193
  6.3 Partes componentes do *slackline* · 198
  6.4 Procedimentos para montagem do *slackline* · 203
  6.5 Aplicabilidade do *slackline* em diferentes espaços · 210

Considerações finais · 221
Lista de siglas · 223
Referências · 225
Bibliografia comentada · 235
Respostas · 237
Sobre os autores · 241

Apresentação

Este livro tem como objetivo apresentar as práticas corporais alternativas por meio de suas características culturais e sociais e suas estratégias metodológicas. Em termos gerais, essas práticas estão associadas ao **risco**, à **reflexividade**, ao **relaxamento**, à **saúde** e à *performance*.

Tais atividades surgiram como uma crítica à educação física ocidental a partir dos anos 1970. No início, elas se chamavam *alternativas* porque visavam substituir, principalmente, a ginástica convencional, focada somente na dimensão física do corpo.

Entre as atividades físicas alternativas mais conhecidas podemos citar a eutonia, o *tai chi chuan*, a antiginástica, a biodança e a ioga. Você conhece alguém que já realizou alguma dessas práticas corporais? Dificilmente, não é?! De fato, se você visitar academias, clubes e escolas perto de sua residência, terá sorte se encontrar alguma dessas atividades.

Na atualidade, novas práticas corporais surgiram, a exemplo das dezenas de atividades de aventura. De fato, para o profissional de educação física há muitas possibilidades no mercado de trabalho no que se refere a acampamentos de férias, excursões na natureza, *skate*, *mountain bike*, orientação, surfe, entre outras modalidades alternativas.

Assim, pode-se afirmar que uma atividade física alternativa é qualquer prática que não é comumente desenvolvida na educação física. Isso incluiria desde o circo até os paradesportos; porém, optamos por priorizar as atividades alternativas com maior evidência: as de aventura.

Por questões de ênfase, neste livro você aprenderá como trabalhar com cinco atividades alternativas: *skate*, navegação, *parkour*, escalada e *slackline*. Acreditamos que essas práticas são muito significativas no lazer, no treinamento físico, no esporte de rendimento e até na escola. Por isso, elas são um diferencial na sua formação e posterior atuação profissional. Essas práticas são alternativas porque não são comuns na educação física e também porque sugerem novas relações com o esporte.

No Capítulo 1, apresentaremos os fundamentos das atividades físicas alternativas, com exemplos que tratam desde seu aparecimento até a atualidade. Você terá a oportunidade de ampliar sua visão de educação física, de modo a refletir sobre as possibilidades de atuação com novas filosofias e formas de se movimentar.

No Capítulo 2, trataremos da navegação terrestre. Você terá acesso inicialmente a uma contextualização histórica da navegação. Em seguida, conhecerá as técnicas de navegação terrestre aplicáveis a diferentes atividades físicas, em especial aquelas relacionadas à natureza, como a caminhada em trilhas, as travessias, o montanhismo, as corridas de aventura e principalmente o esporte orientação. Nesse capítulo abordaremos ainda métodos de ensino, aplicabilidade e elementos para o desenvolvimento de aulas de navegação terrestre.

No Capítulo 3, abordaremos o *parkour* – seu processo de desenvolvimento e sua popularização –, a fim de identificar aspectos históricos, características da prática e a institucionalização da modalidade. Além disso, indicaremos os movimentos e as técnicas que compõem essa prática, assim como possibilidades de aplicação e atuação por meio dela.

O *skate* é a atividade física alternativa que demonstraremos no Capítulo 4. Além de aspectos históricos e conceituais, você terá contato com uma metodologia sequencial de ensino para a iniciação ao *skate*. Com isso, possibilitaremos a incorporação de procedimentos para a intervenção profissional com práticas corporais de aventura, ênfase deste livro no trato com as atividades físicas alternativas.

O tema do Capítulo 5 é a escalada. Primeiramente, examinaremos o processo histórico da modalidade e seu desenvolvimento esportivo. Em seguida, trataremos do aspecto prático a partir dos materiais utilizados, dos nós e das técnicas de segurança. Por fim, indicaremos propostas de aplicação e de atuação na modalidade.

Finalmente, no Capítulo 6, analisaremos o *slackline*, apresentando um breve histórico da modalidade e suas ramificações, evidenciando as partes que compõem o equipamento e os procedimentos de montagem, bem como os cuidados a serem tomados na relação modalidade e meio ambiente. Finalizamos esse capítulo com dicas de aplicabilidade nos diferentes âmbitos de atuação/intervenção profissional.

Como você pode perceber, a partir do segundo capítulo, cada capítulo contemplará uma modalidade alternativa, de modo a proporcionar a você, leitor, a oportunidade de se aprofundar, qualificando-se para inseri-las na iniciação e no lazer, com os devidos cuidados que serão explicados de forma didática.

Boa leitura!

Como aproveitar ao máximo este livro

Empregamos nesta obra recursos que visam enriquecer seu aprendizado, facilitar a compreensão dos conteúdos e tornar a leitura mais dinâmica. Conheça a seguir cada uma dessas ferramentas e saiba como elas estão distribuídas no decorrer deste livro para bem aproveitá-las.

Introdução do capítulo

Logo na abertura do capítulo, informamos os temas de estudo e os objetivos de aprendizagem que serão nele abrangidos, fazendo considerações preliminares sobre as temáticas em foco.

> Neste capítulo apresentaremos as diferentes concepções de atividades físicas alternativas. Essa é uma oportunidade para pensar os **esportes complementares** e as **atividades físicas alternativas** como ampliação das possibilidades de atuação. Recentemente, diferentes tendências de renovação da educação física afirmam que essa é uma área do conhecimento que deve favorecer a apropriação consciente de diferentes conteúdos da cultura corporal, seja qual for a finalidade (saúde, rendimento, lazer, inclusão social, educação). Você concorda?

Estudo de caso

Esta seção traz ao seu conhecimento situações que vão aproximar os conteúdos estudados de sua prática profissional.

Síntese

Ao final de cada capítulo, relacionamos as principais informações nele abordadas a fim de que você avalie as conclusões a que chegou, confirmando-as ou redefinindo-as.

ampliou nosso mercado de trabalho para atuação profissional na área e que podemos inserir, gradativamente e com cuidado, algumas dessas atividades alternativas na educação física.

Indicações culturais

ELLSWORTH, A. **Yoga**: anatomia ilustrada – guia completo para o aperfeiçoamento de posturas. Barueri: Manole, 2012.

Caso deseje conhecer melhor a ioga e também os principais ásanas e pranayamas, com base anatômica e sequências de movimentos, como a famosa saudação ao Sol, sugerimos consultar essa obra.

PIMENTEL, G. et al. Atividades alternativas na educação física escolar. **Revista Educação Física Unifafibe**, Bebedouro, v. 5, p. 176-196, 2017. Disponível em: <http://unifafibe.com.br/revistasonline/arquivos/revistaeducacaofisica/sumario/56/30082017172544.pdf>. Acesso em: 13 jan. 2020.

Para saber mais sobre a inserção de práticas corporais de aventura como atividades alternativas que complementem a Educação Física escolar, sugerimos a leitura desse artigo.

Atividades de autoavaliação

1. Qual das alternativas a seguir tem a melhor definição de atividades físicas alternativas?
   a) Propostas não convencionais de movimento corporal.
   b) Terapias de desenvolvimento da criatividade, da emoção e da consciência.
   c) Matrizes pedagógicas da educação física que questionam o *status quo*.
   d) Variações das atividades tradicionais que visam aumentar as opções de lazer.
   e) Exercícios que vieram de lugares exóticos e que são praticados por hippies.

Indicações culturais

Para ampliar seu repertório, indicamos conteúdos de diferentes naturezas que ensejam a reflexão sobre os assuntos estudados e contribuem para seu processo de aprendizagem.

Indicações culturais

HOJE NO MUNDO MILITAR. Disponível em: <https://www.youtube.com/channel/UCxDFRhF9V1A_Gd0-CFfgbyQ>. Acesso em: 13 jan. 2020.

Para saber mais sobre as origens do Sistema de Posicionamento Global (GPS), acesso o canal Hoje no Mundo Militar e assista aos vídeos sobre GPS.

CBO – Confederação Brasileira de Orientação. Disponível em: <https://www.cbo.org.br/>. Acesso em: 13 jan. 2020.

Para informações sobre a prática do esporte orientação e seus mapas específicos, sugerimos consultar os diversos conteúdos disponíveis no site da Confederação Brasileira de Orientação (CBO).

1492: A CONQUISTA do paraíso. Direção: Ridley Scott. EUA: Paramount, 1992. 154 min.

Indicamos esse filme para você aprofundar seus conhecimentos sobre o uso dos instrumentos de navegação durante o período das Grandes Navegações.

Atividades de autoavaliação

1. Segundo a progressão metodológica proposta e com base na resolução de problemas, o ideal para iniciar o processo de aprendizagem de técnicas de navegação é:
   a) Prática e uso do GPS e imagens de satélite.
   b) Jogos e brincadeiras associadas ao uso de mapas.
   c) Manusear a bússola no espaço aberto.
   d) Fazer medições do terreno e da altitude.
   e) Todas as anteriores.

2. Assinale a alternativa que apresenta benefícios da navegação.
   a) Identificar estratégias e debilidades, conhecer e respeitar o meio ambiente.
   b) Elaborar estratégias e tomar decisões diante de situações repentinas.

Atividades de autoavaliação

Apresentamos estas questões objetivas para que você verifique o grau de assimilação dos conceitos examinados, motivando-se a progredir em seus estudos.

Atividades de aprendizagem

Aqui apresentamos questões que aproximam conhecimentos teóricos e práticos a fim de que você analise criticamente determinado assunto.

Bibliografia comentada

Nesta seção, comentamos algumas obras de referência para o estudo dos temas examinados ao longo do livro.

Capítulo 1

Introdução às atividades físicas alternativas

Giuliano Gomes de Assis Pimentel

Neste capítulo apresentaremos as diferentes concepções de atividades físicas alternativas. Essa é uma oportunidade para pensar os **esportes complementares** e as **atividades físicas alternativas** como ampliação das possibilidades de atuação. Recentemente, diferentes tendências de renovação da educação física afirmam que essa é uma área do conhecimento que deve favorecer a apropriação consciente de diferentes conteúdos da cultura corporal, seja qual for a finalidade (saúde, rendimento, lazer, inclusão social, educação). Você concorda?

Vamos, então, propor uma simulação mental: imagine que você vai organizar um programa de atividade física para o Núcleo Ampliado de Saúde da Família (NASF). Seu público é de adolescentes de ambos os sexos, com diferentes expectativas com relação à prática, inclusive se livrar dos exercícios. Em geral, os meninos querem ficar fortes e as meninas querem emagrecer. Você já conseguiu perceber que esse grupo está com dificuldades de lidar com o próprio corpo, não é?! Porém, ao conhecê-los, você também identificou outras necessidades: a maioria só joga futsal e queimada, tem problemas posturais e pratica *bullying*, além de apresentar muita ansiedade por causa do vestibular e dificuldades de concentração. Diante dessa realidade, que tipo de treino você proporia?

Em alguns casos, a resposta costuma ser, por exemplo: escalada; dança de salão; massagem; meditação; danças circulares; *chi kung*; e jogos cooperativos. Embora em clubes, academias, escolas e hotéis convencionais isso seja novidade, desde os anos 1970 já existiam atividades físicas alternativas na Educação Física. Elas faziam uma crítica à ginástica da época, que era muito focada no adestramento físico e na disciplina. Já as atividades alternativas propunham uma integração entre corpo e mente, o que exigia novas formas de se relacionar com os limites do corpo, de forma mais reflexiva e individualizada.

Neste capítulo de introdução, conheceremos a existência dessas primeiras atividades físicas alternativas, as quais foram muito importantes para expandir as formas como a educação física trabalha com as pessoas. Trataremos, principalmente, da nova tendência de atividades físicas alternativas, que são as **modalidades de aventura**. Esse será o assunto principal do livro. Para uma aprendizagem significativa, os capítulos deste livro enfatizarão o ensino de *skate*, *slackline*, navegação, escalada e *parkour*.

1.1 Significado das atividades físicas alternativas

Com o que você viu até aqui, seu conhecimento sobre atividade física alternativa já lhe permite expressar uma noção geral sobre o tema, além de dar exemplos. Que tal aprofundarmos agora seu domínio conceitual sobre o que é uma atividade física alternativa?

Vamos listar as principais características e, a partir delas, chegaremos a um conceito. Primeiro, elas tradicionalmente não estão presentes nos currículos de Educação Física. Já sabemos que as atividades físicas convencionais (também conhecidas como *hegemônicas*) são as que dominam o cenário da educação física. Todavia, comparadas ao que existe no mundo em termos de esportes, danças, jogos, ginásticas e lutas, as práticas convencionais existem em número muito reduzido. Esse é um motivo pelo qual precisamos conhecer as atividades físicas alternativas, uma vez que elas ampliam a nossa visão de atividade física.

Antes de prosseguirmos, vamos checar essa primeira característica e qual é o seu benefício óbvio. Releia, então, o parágrafo anterior e reflita sobre as duas questões a seguir:

1. O que caracteriza uma atividade física alternativa?
2. Com base na sua resposta, o que ganhamos ao levar atividades alternativas para a intervenção profissional nos diferentes campos da educação física?

Esperamos que sua resposta tenha sido algo como: "A atividade física alternativa representa o conjunto de práticas corporais que não se ensina nos lugares convencionais, e a vantagem de inseri-las é que as pessoas terão acesso a novas formas de movimento, saindo da acomodação de fazer sempre as mesmas atividades". Porém, caso não lhe satisfaça levar novas atividades só para sair da rotina e ampliar o conhecimento de alunos, clientes e atletas, apresentaremos a seguir outras características.

Nos esportes e nas ginásticas convencionais há o problema de pouca variação de movimento. Geralmente, o ambiente é sempre padronizado – por exemplo, uma quadra de voleibol, que tem 18 × 9 metros, ou de futsal e handebol, que tem 40 × 20 metros. Os movimentos são estereotipados, já que se cobra uma técnica como a mais eficiente para alcançar os objetivos. O ritmo também é considerado mecânico, ou seja, a velocidade é sempre padronizada, às vezes muito rápida, não dando tempo para o praticante pensar no que está fazendo.

Por isso, quando as primeiras atividades físicas alternativas surgiram, seu principal diferencial era o foco no **ritmo natural de cada pessoa**. Com isso, elas evocam a ideia de movimento consciente, aumentando a criatividade, a espontaneidade e a expressividade, individualmente. Na Seção 1.5, ainda neste capítulo, você terá a oportunidade de experimentar exercícios ligados às atividades físicas alternativas e poderá verificar se respeitar o tempo e as limitações do praticante gera os benefícios que mencionamos.

Por fim, ao promoverem a **espontaneidade nos movimentos**, as atividades físicas alternativas valorizam as emoções. Essa ideia pode ser vista desde a maior integração entre corpo e mente, nas práticas alternativas mais terapêuticas, até a experiência "radical" nos esportes de aventura. A liberdade de se exprimir pressupõe lidar com emoções, afetividade e sentimentos. Geralmente, nas práticas convencionais, há limites para se expressar, ao passo que nas alternativas isso é algo desejado. Talvez por isso a maior parte das práticas corporais alternativas enfatize o indivíduo, pois ele vai desenvolver sua dimensão interior. Seja no sentimento de paz interior na ioga,

> *Seja no sentimento de paz interior na ioga, seja na adrenalina das fortes emoções do skate, essas práticas estão relacionadas à questão do autoconhecimento. Em outras palavras, o praticante precisa tomar consciência do que faz, pois só assim evoluirá.*

seja na adrenalina das fortes emoções do *skate*, essas práticas estão relacionadas à questão do autoconhecimento. Em outras palavras, o praticante precisa tomar consciência do que faz, pois só assim evoluirá.

Com base nessas características principais, os significados das atividades físicas alternativas podem ser sintetizados da seguinte forma:

- **Características**: buscam reflexão, emoções e sensações; são diferentes das aulas convencionais; contam com gestos e ritmo pouco estereotipados.
- **Consequências**: aumentam nosso autoconhecimento; ampliam nosso universo cultural; há mais movimentos espontâneos.

Agora que definimos melhor os aspectos que identificam as atividades físicas alternativas, na próxima seção poderemos ampliar seu entendimento ao mostrar as diferentes formas de concebê-las.

1.2 Classificação das atividades físicas alternativas

Já sabemos que *alternativo* é diferente de *convencional*, pois o primeiro tenta oferecer algo que este não contempla. Porém, nós podemos relativizar aquilo que é alternativo, visto que varia conforme a cultura de cada lugar. Correto? Um exemplo é a Índia, país em que a ioga é tradicional e praticada em praças, escolas e *spas*. Já no Brasil, entendemos que a ioga é uma atividade física alternativa, pois ainda está restrita a alguns lugares e é utilizada como contraponto à ginástica ocidental. Isso significa que dois profissionais de educação física, por exemplo, podem dizer que desenvolvem atividades físicas alternativas, mas o tipo de atividade de cada um pode ser bem diferente.

Antes, nos anos 1970, a atividade física alternativa contemplava apenas antiginástica, biodança e algumas práticas orientais. Na atualidade, esse termo pode ter mais significados. Para isso, existem critérios diferentes para determinar como uma atividade pode ser considerada alternativa. Demonstraremos a seguir como identificar uma atividade física alternativa, conforme a classificação de Pimentel et al. (2017).

A atividade alternativa tem um aspecto **filosófico**. As atividades físicas convencionais enfatizam a competição e são muito focadas na motivação extrínseca, que é aquela estimulada por fatores exteriores. Por isso, a expressão *atividade física alternativa*, no Brasil, surgiu para agrupar práticas corporais que continham uma filosofia diferente e até contrária às convencionais. Como diferencial, atividades como antiginástica, terapia reichiana, biodança, eutonia, *tai chi chuan* e *shiatsu* prometiam práticas lentas, harmoniosas, simétricas e conscientes. Elas se opunham à ginástica e ao esporte porque promoviam movimentos estereotipados e, com isso, não alcançavam o desenvolvimento pleno do ser humano.

É necessária uma **adaptação pedagógica** para sair do convencional. Esse segundo entendimento enfatiza as adaptações que são realizadas para atender à especificidade do aluno, cliente ou atleta feitas nas práticas institucionalizadas. Você talvez já tenha visto essa dimensão alternativa em atividades físicas adaptadas às pessoas com necessidades especiais. Também é possível ser alternativo mudando a metodologia de ensino. Enfim, a atividade física será diferente da forma convencional quando mudanças nas regras, no modo de ensino e na organização do espaço e do tempo refletirem mais autoconhecimento, inclusão e movimentos menos estereotipados.

É diversificada a **origem étnica** da atividade. Um terceiro entendimento é que são alternativas todas as atividades físicas que não são privilegiadas na nossa cultura corporal de movimento.

Isso nos direciona a dois lados. O primeiro é levar ao público práticas corporais que são comuns em outros países, o que aumentará o conhecimento das pessoas sobre o mundo. O outro é diminuir nosso desconhecimento da própria cultura brasileira, que apresenta diversidade regional. Em um clube de corrida, por exemplo, podem ser apresentadas diferentes corridas, que são comuns em lugares específicos (corrida de toras, corrida do queijo, corrida de touros, corrida de carregar a esposa, corrida de salto alto, entre outras).

Existe também um compromisso **ecológico**, voltado à sustentabilidade ambiental e ao ambiente da prática. Nesse caso, uma atividade física alternativa depende do lugar em que ocorre e da relação com o ambiente. Com a importância crescente da ecologia e a valorização de vivermos mais próximos à natureza, a educação física tem ampliado as práticas em ambiente natural. Quem vive na cidade, por exemplo, tem mais contato com elementos artificiais, sendo benéfico promover ambientes alternativos que proporcionem o contato com a natureza. Em vez de os clientes de corrida realizarem essa atividade somente em pistas e asfalto, podemos incentivar a vivência numa trilha por exemplo. Todavia, isso precisa também incluir uma conscientização sobre o desenvolvimento sustentável, para que eles tenham uma atitude mais ecológica.

Promover uma nova forma de **relação social** é o quinto uso do termo *atividade física alternativa*. Isso diz respeito ao modo de sociabilização na prática, ou seja, à forma como nos relacionamos com as outras pessoas. Nas atividades físicas convencionais, o modo normal é que as pessoas disputem entre si e que tenhamos vencedores e perdedores. Toda prática que não trabalha nessa lógica é socialmente alternativa, pois produz formas diferentes de os indivíduos se relacionarem durante a atividade física. Uma sugestão prática é conhecer os **jogos cooperativos**. Eles enfatizam o trabalho em equipe, para que todas as pessoas se organizem e cooperem para vencer juntas os desafios propostos. Um exemplo de esporte alternativo cooperativo é o *tchoukball*, que foi criado para diminuir a competitividade e tem uma mensagem de promoção da paz.

> **Preste atenção!**
>
> Existe uma estética alternativa ao convencional. Em geral, consideramos certas coisas belas em grande parte porque nossa cultura nos ensina a ver beleza em determinado padrão. Uma atividade física convencional valoriza movimentos vigorosos e com todos no mesmo ritmo. Porém, em práticas como a ioga, por exemplo, cada pessoa deve encontrar seu próprio ritmo, e os movimentos podem ser suaves e lentos. Já entre quem é do *hip-hop*, a estética também é diferente, sendo que existe uma concepção alternativa de arte (grafite), dança (*break*), música (*rap* e *hip-hop*) e até de esporte (basquete de rua, jogado em trios), além de roupas e penteados que dão identidade ao participante. Logo, as atividades físicas alternativas nos convidam a conhecer padrões estéticos diferentes, uma vez que cada grupo tem uma estética própria.

Você poderá usar essa classificação, que lhe ajudará a identificar e a justificar em que aspecto tal atividade é alternativa ao convencional. De modo geral, atividade física alternativa significa uma forma organizada de se movimentar que proporciona a sensação de experiências novas e diferentes da atividade convencional.

1.3 Atuação/intervenção profissional das atividades físicas alternativas

Já vimos que as práticas alternativas têm importância na ampliação da nossa bagagem cultural, na espontaneidade de movimento e no nosso próprio conhecimento interior. Por outro lado, a realidade mostra que a maioria das pessoas somente conhece as práticas corporais difundidas pela mídia. Para piorar, como predomina a veiculação do alto rendimento, mesmo que alguém veja, por exemplo, o *skate*, só perceberá as manobras difíceis e espetaculares, achando que aquilo é impossível para ele. Mesmo assim, cabe a você apresentar novos conteúdos, inclusive como forma de educar as pessoas para buscarem novas formas de atividade física no tempo livre delas.

Nesta seção, destacaremos a existência das atividades de aventura com relação ao mercado de trabalho. Por isso, abordaremos cinco enfoques que a intervenção profissional com atividades alternativas pode ter. São eles: risco, reflexividade, relaxamento, saúde e *performance*.

Risco é a probabilidade de algo acontecer. Por exemplo, o risco de lesões praticando futebol é maior do que jogando xadrez. Nos esportes de aventura, nós podemos acrescentar que o risco é um elemento motivador da prática. Porém, se você conversar com qualquer praticante desse tipo de esporte, ele dirá que não deseja se machucar e, muito menos, morrer. Logo, o que esses praticantes buscam é a sensação de enfrentar um risco, só que o fazem de forma calculada. Concluímos, assim, que um dos motivos para se praticar atividades físicas é ter fortes emoções diante de um risco controlado.

A Figura 1.1, a seguir, reforça a relação entre o **risco imaginado**, que é a sensação, e o **risco real**, que é a probabilidade calculada de acontecer algo.

Figura 1.1 Risco imaginado e risco real

Quando surge uma situação de risco, posso me deixar emocionar pelo risco imaginado ou calcular qual é o risco real.

Fonte: Elaborado com base em Spink et al., 2004.

A primeira imagem (raio) representa o risco. Em seguida, temos a reação emocional ao risco dominando o cálculo do risco. Dessa forma, prevalece no praticante o risco imaginado, a exemplo de quando você está em uma montanha russa. A última figura mostra como é a sensação de risco do praticante esportivo de aventura, que sente o risco imaginado, mas é capaz de administrá-lo. Essa é a diferença entre a percepção de um praticante turístico, por exemplo, de um salto duplo de paraquedas, e de uma pessoa que pratica paraquedismo como esportista.

Essa distinção é muito importante para quando você for atuar profissionalmente com atividades físicas alternativas que lidam com o risco. Se, por exemplo, você for o monitor de um hotel e estiver levando os hóspedes para um rapel, não poderá exigir que eles saibam os procedimentos de segurança ou como manusear as cordas. Eles estarão, em geral, com muita adrenalina no organismo, sentindo um grande risco imaginado (cair do penhasco). O conhecimento do risco real é seu, portanto, os procedimentos de segurança para que nada de errado aconteça estão sob sua responsabilidade. Assim, na Figura 1.1, vista anteriormente, é como se o cliente ou aluno fosse a segunda figura, ao passo que você é representado pela última. Quem gerencia os riscos é o monitor da atividade. Ele deverá checar todo o lugar e todo o equipamento para garantir segurança.

No segundo caso, embora haja um profissional responsável, a responsabilidade da gestão dos riscos é compartilhada com os praticantes. O conhecimento do risco real deve prevalecer sobre a imaginação do risco. Nessa situação, quem deseja ser esportista em uma prática alternativa que envolve risco receberá treinamento (físico, psicológico, de equipamento e de interpretação dos riscos). Em esportes mais perigosos, como voo livre, mergulho, montanhismo e paraquedismo, cada pessoa deve ler apostilas, realizar cursos e realizar testes teóricos e práticos. Só assim será possível essa pessoa ter a identificação oficial e ser liberada para praticar sozinha. Nas atividades mais simples também se recomendam cuidados, bem como a intermediação de um especialista nos primeiros passos. E essa é mais uma possibilidade de atuação profissional para você, dentro e fora da escola.

Importante

A crescente busca da sensação de risco nas atividades físicas representa ampliação do mercado de trabalho. A cada ano se observa a criação de alguma prática nova, que aproveita diferentes tipos de ambiente: montanhas, ar, rios, lagos, cachoeiras, florestas, neve, dunas e até cavernas.

A **reflexividade** é a capacidade de a pessoa se relacionar consigo mesma, pensando antes de agir. Na Modernidade, esse termo ganhou mais força por se referir à capacidade de cada indivíduo de decidir a própria vida, enfrentando as determinações sociais, como religião, Estado, tradição, nacionalidade e família. Não há dúvida de que, em seu surgimento, as práticas corporais alternativas estavam ligadas a esses dois sentidos. No movimento *hippie*, por exemplo, as pessoas buscavam formas contestadoras de lidar com o próprio corpo e viam nas atividades físicas alternativas uma forma de aumentar o autocontrole e diminuir as interferências da sociedade.

Como a busca por reflexividade está ligada diretamente ao tipo de atividade filosoficamente alternativa, você já conhece as principais práticas que desenvolvem essa característica nas pessoas. Na atualidade, a busca por reflexividade não está mais associada exclusivamente à contestação das práticas convencionais. Em muitos casos, ela atua como uma complementação. Um exemplo é a Reeducação Postural Global (RPG), que é tanto uma forma de terapia corporal quanto um método de treinamento físico. Porém, até mesmo as práticas mais tradicionais já são vistas como uma forma de condicionamento corporal, com um diferencial: promovem a reflexividade.

Junto à reflexividade, há uma parte da clientela das atividades físicas alternativas que prefere apenas o **relaxamento**. O relaxamento geralmente está associado à busca pela compensação ao estresse. As técnicas mais usuais de relaxamento são meditação, acupuntura, controle da respiração, massagem e alongamento. O relaxamento é algo importante para a saúde humana, tendo tanto benefícios físicos, como prevenção de lesões, quanto mentais.

Um conjunto de práticas alternativas é destacado em promover o relaxamento. Tudo vai depender do **tipo de fadiga** que a pessoa sente. Em termos gerais, podemos dividir a fadiga em periférica e central. A **periférica** está mais relacionada à tensão e ao esgotamento em uma parte do corpo. Um carteiro, por exemplo, necessitará relaxar a musculatura dos membros inferiores, pois é a parte corporal que mais usa e, consequentemente, aquela que mais entrará em fadiga. Mas, quando a parte nervosa da contração muscular é afetada, chegamos à fadiga **central**. Assim, não apenas um músculo, mas todo o corpo começa a ter queda de rendimento. Você poderá se aprofundar nessa questão quando estudar a fisiologia humana.

Isso nos leva ao próximo motivo para se praticar atividades alternativas, que é a **saúde**. Não se trata mais apenas da ausência de doenças, mas também, segundo a Organização Mundial da Saúde (OMS), de um bem-estar físico, social e mental. Mas serão as atividades físicas alternativas boas para alcançar esse conceito de saúde? Em geral, as atividades físicas convencionais, como a ginástica de academia, estão focadas no *fitness*, ou seja, no condicionamento físico. O objetivo é mais ligado à estética, ao rendimento e à fisiologia: perder gordura, aumentar massa magra. Porém, existe uma outra vertente, denominada *wellness*. Essa tendência, iniciada na Europa, visa ao exercício direcionado à saúde, ao equilíbrio pessoal, ao sentir-se bem. Como está mais próximo da realidade das pessoas sedentárias, o *wellness* tem atraído muitas pessoas e incluído mais diversidade (pessoas diferentes).

Observe a Figura 1.2 a seguir, que demonstra a relação entre atividades físicas alternativas e saúde.

Figura 1.2 Relação entre saúde e atividade física alternativa

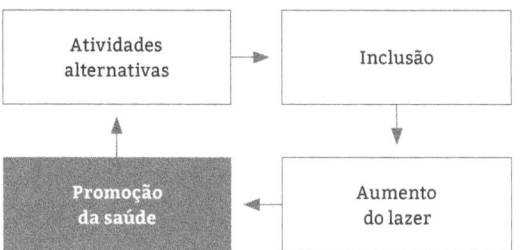

Conforme demonstra a Figura 1.2, ocorre um **círculo virtuoso**. A diversificação de alternativas para realizar atividade física incluirá mais pessoas, já que cada indivíduo ou grupo apresenta motivações diferentes. Enquanto a maior parte dos homens e dos jovens prefere ser *fitness*, é possível que o *wellness* chame mais a atenção do público mais velho e feminino. Com a inclusão desse grupo, hoje mais sedentário, haverá mais prática de atividade física no lazer, menos sedentarismo, com possíveis efeitos benéficos à saúde. E o círculo continua porque pessoas saudáveis são mais propensas a fazer atividade física.

Por fim, as atividades alternativas também podem ser objeto de *performance*, o que pode ocorrer de duas maneiras. Primeiro, podemos ter atletas de alto rendimento em modalidades alternativas, como nos X-Games, que englobam os esportes como BMX, *skate*, motocicleta, *rally* de carro, *snowboard* e esqui. Já nos Jogos Olímpicos, podemos destacar o início do *skate street*, da escalada esportiva e do surfe como modalidades olímpicas nos Jogos de Tóquio. Aqui também se evidencia a possibilidade de atuação profissional, desde a iniciação esportiva até o alto rendimento.

A segunda forma de relação entre atividades físicas alternativas e alto rendimento é quando alguma prática é utilizada no treinamento de atletas das mais diferentes modalidades, principalmente para relaxamento e autoconhecimento, conforme já indicamos anteriormente. Nesse caso, trata-se de uma estratégia para condicionamento físico, prevenção e recuperação de lesões e até mesmo eliminação da fadiga causada pelo estresse do treinamento desportivo. Como resultado, o atleta melhora sua *performance*. Um exemplo é o *power* ioga, o qual, além de contar com competições, é também utilizado para preparação física, já que ainda complementa com benefícios terapêuticos, mantendo o atleta mais concentrado e respirando corretamente durante as competições.

1.4 Atuação profissional nos diferentes ambientes da educação física

As atividades alternativas podem ser incorporadas em diferentes lugares: escolas, creches, clubes, associações, ginástica laboral, acampamentos e colônias de férias, *resorts*, clínicas de reabilitação, organizações sociais, academias, estúdios de *personal trainer*, centros de terceira idade, cruzeiros marítimos, agências de turismo e hospitais. Em complemento, como já mencionamos, as atividades físicas alternativas estão associadas ao risco, ao relaxamento, à saúde, à performance e à reflexividade. A partir desses cinco objetivos, mostraremos relatos sobre ambientes nos quais você pode atuar.

Em relação ao **risco**, as atividades físicas que mais garantem essa sensação são as de aventura, seja na natureza (montanhismo, por exemplo), seja em ambientes urbanos (um exemplo é a escalada esportiva em parede artificial). Para a pessoa formada em Educação Física, essa necessidade recreativa de correr riscos calculados está presente especialmente em parques florestais ou temáticos de aventura, empresas de turismo na natureza e hotéis de lazer. Ainda não há muitos casos, mas a tendência é também haver intervenção profissional em academias, *personal trainings*, parques públicos, escolinhas de esporte e escolas de ensino fundamental e médio.

Um caso interessante é o Programa Segundo-Tempo (PST), criado pelo extinto Ministério do Esporte. Trata-se de um projeto social esportivo que atua com milhares de crianças de baixa renda, ensinando, pelo menos, uma modalidade individual e duas coletivas. Após trabalhar muito tempo com as atividades convencionais, os gestores do PST lançaram as atividades de aventura como uma opção alternativa ao PST. Um aspecto importante é o cuidado com a gestão dos riscos, uma vez que devem existir procedimentos seguros no ensino de modalidades de aventura.

Preste atenção!

Atualmente, como o estresse crônico (acumulado no dia a dia) tem fatigado fortemente as pessoas, há muita demanda por **relaxamento**. De olho nessa necessidade, muitas academias de ginástica promovem aulas de alongamento para relaxar a musculatura e melhorar a consciência corporal. Também os *spas* e até os *resorts* possuem locais e aulas especializados. Outro uso muito comum é nas empresas, por meio da ginástica laboral (exercícios dentro do local de trabalho). O objetivo é evitar que os funcionários adquiram lesões por esforço repetitivo e também promover a qualidade de vida deles, o que tem efeitos positivos na produtividade.

Já existem exemplos de atividades alternativas de relaxamento em escolas brasileiras, com resultados positivos no rendimento escolar das crianças e na diminuição de brigas entre elas (Pimentel et al., 2017). Em escolas do Oriente, entre uma aula e outra, as crianças levantam de suas carteiras e fazem cinco minutos de exercícios todos os dias. Dessa forma, a prática de atividade física é motivada, havendo uma diminuição na incidência de problemas posturais e, especialmente, a melhoria da concentração das crianças. Afinal, já sabemos que atividades repetitivas causam fadiga central e é necessária uma intervenção profissional de relaxamento para retomar a homeostase do funcionamento do cérebro.

Na saúde, as atividades físicas alternativas estão presentes em clínicas de saúde na perspectiva holística (que busca trabalhar o ser humano de forma integral). Porém, por serem menos estereotipadas, essas atividades também têm motivado certos grupos populacionais (mulheres e idosos) a saírem do sedentarismo. O número de pessoas sedentárias está em crescimento no Brasil, o que aumenta o risco de problemas como alterações metabólicas, cardiopatias e depressão. Observe o Gráfico 1.1, a seguir, obtido pelo Diagnóstico do Esporte no Brasil (Diesporte), a maior coleta feita até hoje pelo Governo Federal sobre os níveis de prática de atividade física.

Gráfico 1.1 Percentual de sedentários e ativos no Brasil

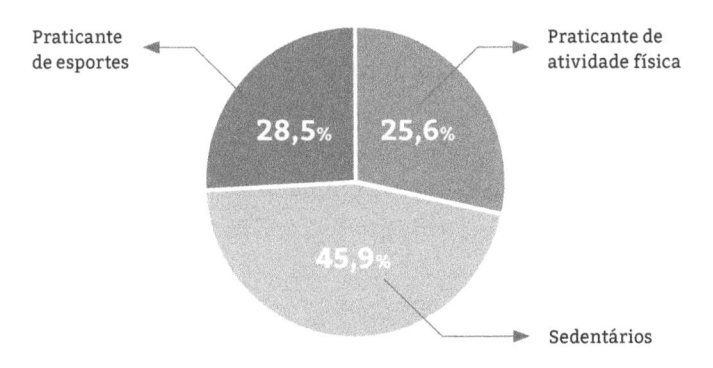

Praticante de esportes: 28,5%
Praticante de atividade física: 25,6%
Sedentários: 45,9%

Fonte: Brasil, 2015.

O diagnóstico ainda revela que, entre os não sedentários, as atividades mais praticadas são o futebol e a caminhada, seguidos por andar de bicicleta, voleibol, academia e corrida. Entre os jovens, 67,3% são ativos fisicamente, mas, na faixa etária entre 65 e 74 anos, o índice cai para 35,6%. Ainda segundo esse diagnóstico, as mulheres são mais sedentárias que os homens. Por esse aspecto de desigualdade, podemos pensar que a diversificação de possibilidades de se movimentar pode ser um atrativo para que diferentes pessoas saiam do sedentarismo. Embora ele seja um problema de origem social e econômica, que precisa ser combatido por meio de políticas públicas e pela educação, a oferta de atividades físicas alternativas também é um elemento importante para a promoção da saúde.

As atividades de aventura também estão presentes na *performance*. Alguns clubes, visando à clientela especial, já estão formando equipes para competições paradesportivas. Esse é um campo de atuação que necessita de profissionais da educação física, uma vez que a participação no esporte é uma forma de reabilitação física, de sociabilização e de autoestima para pessoas com alguma deficiência física ou mental. Nos Jogos do Rio de Janeiro, em 2016, foram disputadas 23 modalidades. São elas: atletismo, basquete em cadeira de rodas, bocha, canoagem, ciclismo de estrada, ciclismo de pista, esgrima em cadeira de rodas, futebol de 5, futebol de 7, *goalball*, halterofilismo, hipismo, judô, natação, remo, rúgbi em cadeira de rodas, tênis de mesa, tênis em cadeira de rodas, tiro com arco, tiro esportivo, triatlo, vela e vôlei sentado (Pimentel et al., 2017).

Preste atenção!

Ainda no campo das atividades alternativas que estão presentes em competições, pouco se conhece sobre os Jogos dos Povos Indígenas. No Brasil, essa competição existe desde 1996 e contempla 16 modalidades, entre as quais estão o arco e flecha, a canoagem, a luta corporal e a corrida de tora. Além da parte de competição e demonstração, há dança, gastronomia, artesanato e rituais.

Um aspecto importante é que esses jogos tentam respeitar a lógica indígena, o que gera oportunidade para conhecer sua cultura. Lembre-se: não existe um indígena "genérico". São dezenas de povos, cada qual com suas características e línguas próprias. Ainda há muito preconceito contra a cultura nativa do país. O conhecimento dessas atividades de *performance* pode ser uma oportunidade de se aproximar do conhecimento sobre etnias da sua região.

No que se refere à **reflexividade**, vamos apresentá-la por meio de um **Estudo de Caso**, que é quando se detalha uma situação específica de destaque em seu ramo de atuação. Leia atentamente o Estudo de Caso a seguir e, depois, busque realizar sua autoavaliação.

Estudo de caso

O caso que apresentaremos aqui é o de uma academia diferenciada que possui antiginástica para gestantes. A Academia X atua no ramo de saúde alternativa e holística, em uma capital do país. Quem conduz as atividades é uma professora de Educação Física que buscou uma complementação em cursos para atuar com segurança nessa proposta.

A antiginástica trabalha com movimentos que não estão presentes na ginástica convencional. Ela foi criada por Thérèse Bertherat para ser uma terapia corporal que trata do ser humano de forma global, associando o físico, o cognitivo, o espiritual e o emocional. Assim, ao criar movimentos mais naturais e com motivação intrínseca, Bertherat trouxe também para a educação física uma nova concepção filosófica de vida (Bertherat; Bernstein, 2010). Em suma, o propósito da antiginástica é proporcionar *wellness* (bem-estar) de forma que o praticante se conheça melhor e fique em harmonia com o próprio corpo.

Enfim, é um trabalho corporal que respeita os limites do corpo, atuando nele por meio de movimentos sutis e precisos. Na avaliação do praticante, busca-se a "memória muscular", a qual guarda, nas regiões mais tensas, a história de sofrimento da pessoa. Bertherat formulou exercícios que não causam dor, mas incentivam o praticante a tomar consciência de si e a enfrentar as causas reais de seu sofrimento (Bertherat; Bernstein, 2010). Como resultado, é gerada consciência corporal e as tensões musculares diminuem.

Entre a clientela da Academia X há muitas gestantes. Na gestação, a mulher tende a ter problemas circulatórios, dores nas pernas e na coluna. As costas da gestante são sobrecarregadas para compensar o peso da barriga. Com isso, aumenta a fadiga periférica na musculatura das costas que, no método da antiginástica, é a parte do corpo mais forte, e, por isso, onde mais se reprime o estresse. Isso pode ser observado no encurvamento excessivo da coluna espinhal para dentro (lordose), resultando em dor na região, a qual pode se irradiar para as pernas. Também a região sacro-ilíaca pode ser atacada pela dor, que costuma chegar aos glúteos e musculatura posterior do fêmur.

A antiginástica lida com o resgate do corpo pela gestante, ou seja, voltar a habitar o próprio corpo. Elas são recebidas em um ambiente com luz suave, cores neutras e chão acarpetado. Uma aula dura entre 60 e 90 minutos e a professora não demonstra movimentos, para evitar o gesto estereotipado. Inicialmente, as alunas entram em contato com suas "memórias" e observam suas emoções, tensões, frequência cardíaca e respiração. A realização dos movimentos é feita na posição deitada ou em pé, com ou sem acessórios (bastões de madeiras, bolinhas de cortiça ou borracha, saquinhos com sementes). Costuma-se concluir a aula com uma reflexão sobre as causas das dores, o que gera uma tomada de consciência, com efeitos positivos. Os resultados mais comuns são redução significativa das dores nas costas, parto com menor estresse e mais tranquilidade no pós-parto.

Esperamos que este conteúdo ajude você a aprender sobre a aplicabilidade de uma atividade física alternativa. Neste exemplo foi trabalhado o despertar dos músculos das gestantes de forma integrada (corpo-mente). Você percebeu que esse tipo de atividade, por ter efeitos psíquicos, requer treinamento especializado, mas é possível realizar experiências positivas nos diferentes nichos de mercado da educação física.

O objetivo deste tópico foi o aprofundamento em boas práticas da educação física e a identificação em mais detalhes de como a atividade alternativa é um diferencial na atuação profissional. Portanto, pedimos que reflita:

- Como você se avalia em relação ao conhecimento deste tópico?
- Você consegue identificar e exemplificar pelo menos três ações em que desenvolveria atividades físicas alternativas na educação física?

Como você viu, há muitas possibilidades para a intervenção com atividades físicas alternativas. A seguir aprofundaremos essa questão mostrando algumas vivências para você colocar em prática esse conhecimento.

1.5 Propostas de intervenção com as atividades físicas alternativas

Nesta seção mostraremos algumas possibilidades mais imediatas para aplicação de atividades físicas alternativas no seu cotidiano. Isso fortalecerá sua dimensão procedimental de gerar benefício para a sociedade e para si mesmo; assim, propomos um pequeno exercício de relaxamento.

Aplicando por alguns minutos um **roteiro de relaxamento**, você conseguirá controlar o estresse e evitar a fadiga. Siga as recomendações a seguir:

- Mude de posição – se está lendo este livro sentado, levante-se; se você está deitado, sente-se de pernas cruzadas. Se você está em pé, procure deitar.
- Abra e feche as mãos por cinco vezes e, depois, massageie a musculatura que está entre seu dedo polegar e indicador. Se você digita muito, sentirá um forte alívio.
- Agora gire o pulso, um sentido de cada vez, respirando profundamente.

• A última parte envolve você somente erguer os braços e inspirar; em seguida, solte suavemente os braços enquanto elimina o ar dos pulmões. Faça a respiração bem natural (no seu ritmo) para não entrar em hiperventilação, o que vai te deixar com tontura.

Ficou bom? Então tente fazer tudo de novo, só que com os olhos fechados e controlando sua mente para não pensar em nada, só meditando. Se ajudar, você pode colocar uma música instrumental que colabore para seu relaxamento.

Avançando um pouco mais, nossa próxima experiência envolverá o contato introdutório à ioga (você também pode encontrar a grafia *yoga*). Atribui-se a essa prática uma história de mais de 5 mil anos, com origem na Índia. Como espiritualidade, está relacionada ao hinduísmo e ao budismo; porém, como prática corporal, está associada à linha do hata-ioga, ou seja, ao emprego de técnicas de respiração (*pranayamas*), posturas de ioga (ássanas) e meditação para alcançar o equilíbrio físico e mental.

Como parte prática de nossas propostas de intervenção com as atividades físicas alternativas, descreveremos aqui algumas ássanas mais simples e conhecidas. Lembramos que não se trata meramente de repetir movimentos, pois a respiração e a meditação devem fazer parte da atitude do praticante.

Confira mais detalhes no Quadro 1.1, a seguir.

Quadro 1.1 Ássanas da ioga

Ássanas	Como é	Indicação	Benefícios	Evitar
Tadasana. Significa postura da montanha.		Preparação corporal para o início de uma sessão.	Melhora da postura e da musculatura coxo--femoral.	Caso esteja com tonturas, pressão baixa ou cefaleia.

(continua)

(Quadro 1.1 – conclusão)

Ássanas	Como é	Indicação	Benefícios	Evitar
Urahva mukha svanasana. Cachorro olhando acima.		Fortalecimento e alongamento muscular.	Promove o alongamento muscular frontal e o fortalecimento muscular posterior.	Pessoas com lesões no punho ou nos ombros.
Paripurna navasana. É a postura do barco.		Fortalecimento dos músculos do tronco, nível intermediário.	Auxilia na digestão e alivia a tireoide.	Se tiver dor lombar, lesão no pescoço ou dor de cabeça.
Sukhasana. Significa postura fácil, confortável.		Relaxamento ou aquecimento.	Desestressa; alonga o quadril e melhora a postura.	Em caso de lesão no joelho ou no quadril.

Fonte: Elaborado com base em Ellsworth, 2012.

Para finalizar, a última experiência é um breve exercício inspirado na metodologia da antiginástica, cuja perspectiva será ativar sua reflexividade.

Procure um local tranquilo e fique descalço sobre um carpete, tapete ou colchonete. A seguir descrevemos a sequência selecionada para essa experiência:

- Feche os olhos e tente ficar com o corpo equilibrado.
- Monitore como seu corpo reage (respiração, equilíbrio, batimentos cardíacos, emoção), identificando se está com alguma dor e qual a possível origem dela.

- De forma suave e precisa, tente tocar o solo com todos os dedos dos pés.
- Lentamente, mova sua coluna para a direita, para a esquerda, para trás e para a frente.
- Deite-se de forma que enxergue o teto. Estenda os braços ao longo do corpo, na posição supinada (palma da mão para cima). Toque o chão apenas com os polegares, identificando as áreas musculares que entraram em ação. Repita até sentir-se confortável com esse movimento.
- Abrace um joelho de cada vez, soltando o ar pela boca quase fechada.
- Conclua o exercício refletindo sobre o que você precisa fazer para tornar sua vida melhor.

Lembre-se de que, quanto mais você praticar, mais a sua capacidade será desenvolvida. A coerência é algo muito importante na sua atuação profissional. Portanto, pratique, fazendo desse estudo uma oportunidade para você realmente vivenciar um pouco dos benefícios da atividade física alternativa.

Síntese

Conforme demonstramos neste capítulo, as atividades físicas alternativas são abordagens não convencionais de movimento corporal, as quais enfatizam principalmente gestos espontâneos voltados para o autoconhecimento e para a liberação consciente das emoções reprimidas. Há diferentes perspectivas em que uma atividade física pode ser alternativa: filosófica, social, ecológica, pedagógica, estética e étnica.

Assim, de uma visão inicialmente contra-hegemônica, essas práticas passaram a ter relação com risco, reflexividade, relaxamento, saúde e *performance*. Conseguimos concluir que isso ampliou nosso mercado de trabalho para atuação profissional na área e que podemos inserir, gradativamente e com cuidado, algumas dessas atividades alternativas na educação física.

Indicações culturais

ELLSWORTH, A. **Yoga**: anatomia ilustrada – guia completo para o aperfeiçoamento de posturas. Barueri: Manole, 2012.

Caso deseje conhecer melhor a ioga e também os principais ássanas e *pranayamas*, com base anatômica e sequências de movimentos, como a famosa saudação ao Sol, sugerimos consultar essa obra.

PIMENTEL, G. et al. Atividades alternativas na educação física escolar. **Revista Educação Física Unifafibe**, Bebedouro, v. 5, p. 176-196, 2017. Disponível em: <http://unifafibe.com.br/revistasonline/arquivos/revistaeducacaofisica/sumario/56/30082017172544.pdf>. Acesso em: 13 jan. 2020.

Para saber mais sobre a inserção de práticas corporais de aventura como atividades alternativas que complementem a Educação Física escolar, sugerimos a leitura desse artigo.

Atividades de autoavaliação

1. Qual das alternativas a seguir tem a melhor definição de atividades físicas alternativas?
   a) Propostas não convencionais de movimento corporal.
   b) Terapias de desenvolvimento da criatividade, da emoção e da consciência.
   c) Matrizes pedagógicas da educação física que questionam o *status quo*.
   d) Variações das atividades tradicionais que visam aumentar as opções de lazer.
   e) Exercícios que vieram de lugares exóticos e que são praticados por *hippies*.

2. Um *spa* de alto padrão atende executivos estressados. Foram programadas três atividades físicas alternativas para esses adultos, descritas a seguir:

   I. **Acquaride**: esporte em que se descem corredeiras sem remo, utilizando apenas um flutuador inflável, em formato ovalado e dotado de alças para o praticante se segurar.

   II. **Eutonia**: trata-se de uma prática corporal que visa à tonificação equilibrada da musculatura e à flexibilidade por meio da execução consciente e fluida dos movimentos.

   III. **Shiatsu**: é uma terapia corporal que utiliza pressões com os dedos ao longo do corpo, promovendo o controle do estresse e o alívio das tensões musculares.

   Com base nessa programação, podemos concluir que o foco principal de cada uma dessas atividades físicas alternativas é, respectivamente:

   a) risco, relaxamento e saúde.
   b) relaxamento, saúde e reflexividade.
   c) *performance*, saúde e reflexividade.
   d) risco, saúde e relaxamento.
   e) saúde, saúde e relaxamento.

3. Na colônia de férias, o recreador ministrou a "dança das cadeiras inclusiva". Nesse jogo cooperativo, ao invés de eliminar o participante que fica sem a cadeira, os participantes devem trabalhar em equipe para que todos se sentem, seja dividindo a cadeira, seja sentando no colo, até que reste uma cadeira só e todos consigam cumprir o desafio. Conforme a classificação disponível, o jogo alternativo é do tipo:

   a) estético.
   b) social.
   c) pedagógico.
   d) filosófico.
   e) ecológico.

4. Com relação às atividades físicas alternativas, é possível afirmar que:

   I. como são diferentes das práticas convencionais, promovem a diversificação cultural.
   II. referem-se exclusivamente a terapias corporais, como a eutonia e a antiginástica.
   III. trabalham com movimentos menos estereotipados e aumentam a autoconsciência.

   De acordo com as afirmações apresentadas, é correto afirmar que:
   a) Somente as alternativas II e III estão corretas.
   b) Somente as alternativas I e II estão corretas.
   c) Somente as alternativas I e III estão corretas.
   d) Todas as alternativas estão corretas.
   e) Todas as alternativas estão erradas.

5. Assinale (V) para as afirmativas verdadeiras e (F) para as falsas:

   ( ) No alto rendimento, o técnico deve ensinar ao atleta formas de gerenciar o risco.
   ( ) Risco imaginado é quando um praticante desconhece o risco real da atividade.
   ( ) Esporte de aventura tem predominância de risco imaginado sobre risco real, calculado.
   ( ) São atividades de aventura os esportes em ambiente natural (montanhas, rios etc.).

   Diante das alternativas apresentadas, é correto afirmar que:
   a) Todas as alternativas são verdadeiras.
   b) Somente as duas primeiras alternativas são verdadeiras.
   c) Somente a primeira alternativa é falsa.
   d) Somente as duas últimas alternativas são verdadeiras.
   e) Todas as alternativas são falsas.

Atividades de aprendizagem

Questões para reflexão

1. É possível trabalhar com atividades alternativas em academias, clubes, empresas, *resorts* e contribuir para a melhoria da saúde e da qualidade de vida das pessoas? Justifique sua resposta.

2. Quais atividades físicas alternativas você já praticou? Por que elas foram alternativas na sua concepção?

Atividade aplicada: prática

1. Leia novamente a Seção 1.5, "Propostas de intervenção com as atividades físicas alternativas", e selecione uma das rotinas de atividade física alternativa apresentadas. Estabeleça um horário diário e realize os exercícios durante uma semana. Anote quais foram as suas dificuldades iniciais e os benefícios no fim de sete dias de experiência.

Capítulo 2

Navegação terrestre

Allana Joyce Soares Gomes Scopel e Franklin Castillo-Retamal

Agora que você já compreende a complexidade das atividades físicas alternativas e é capaz de reconhecer a abrangência de seu campo de intervenção, daqui para frente terá a oportunidade de conhecer as particularidades de algumas dessas atividades. Esperamos, com isso, contribuir para ampliar o seu universo de prática e intervenção acadêmica, profissional e pessoal.

Neste capítulo, vamos examinar a atividade alternativa que pode ser considerada a mais presente no nosso cotidiano e, ao mesmo tempo, uma das menos populares: a **navegação**. Para entender melhor essa afirmação, reflitamos sobre as seguintes indagações: Ao se deslocar, seja de carro, seja a pé ou de bicicleta, você não precisa pensar qual caminho deve seguir para chegar de maneira segura e rápida ao seu destino? Quantas vezes não nos deparamos com perguntas como "Onde estou?", "Onde fica esse endereço?", "Que caminho devo seguir?", entre outros?

Pois bem, para solucionarmos cada um desses problemas, precisamos utilizar técnicas de navegação terrestre, tais como a orientação espacial, a leitura de mapas, o estabelecimento de direções e a escolha de rotas. Essas técnicas e sua aplicabilidade serão abordadas nas seções a seguir.

2.1 Contextualização histórica da navegação

Antes de uma contextualização histórica da navegação, é necessária uma primeira reflexão sobre sua definição. Sabemos que o termo *navegação* é utilizado para descrever uma grande e diversificada variedade de práticas e campos teóricos e científicos. As diversas nomenclaturas existentes se referem tanto ao meio onde ela acontece (marítimo, aéreo, terrestre) quanto a suas técnicas, como as navegações visual, astronômica, celestial, com bússola e com mapa.

Certamente, a origem do termo *navegação* deriva da sua versão marinha e fluvial. De acordo com o Online Etymology Dictionary (Navigation, 2018), sua terminologia é derivada do latim, das palavras *navigationem, navigatio, navigare* e *navis*, apresentando os seguintes significados: vela, viagem, navegar, velejar um navio, ir pelo mar, navio, barco, colocar em movimento, conduzir, seguir em frente.

No intuito de ampliar suas possibilidades de intervenção, vamos convencionar o conceito de navegação como "o ato de efetuar deslocamentos entre posições" (Friedmann, 2009, p. 246). Chamaremos ainda *navegação terrestre* o conjunto de técnicas utilizadas para se deslocar entre posições na superfície terrestre, pois esse tipo específico de navegação será o foco dos próximos tópicos deste capítulo.

É importante destacar que não é nosso objetivo apresentar ou discutir toda a história da navegação. O que estamos propondo aqui é uma breve contextualização, com destaque para a evolução das técnicas que levaram a navegação a atingir o nível de desenvolvimento conhecido atualmente.

É necessário compreender que não há meios para precisar quando e onde a humanidade sentiu a necessidade de utilizar a navegação pela primeira vez. O que a história consegue estimar é a origem aproximada e a evolução de suas técnicas. Não é difícil imaginar, por exemplo, que os únicos recursos disponíveis aos nossos ancestrais e antepassados eram as informações vindas do céu, por meio da percepção dos padrões de movimento astral que se repetiam ao longo do tempo ou, ainda, da utilização de formações no relevo como referência.

Friedmann (2009) aponta que essas referências, apesar de confiáveis, só poderiam ser utilizadas com tempo favorável e boas condições de visibilidade, um fator que impedia navegações marítimas em determinadas épocas do ano, por exemplo. Parece surreal, não? Pois era essa a realidade da humanidade até algumas centenas de anos atrás. E ainda é, caso não tenhamos em mãos ferramentas e conhecimentos necessários a uma navegação precisa.

Um dos avanços mais importantes para a navegação foi o seu registro. Na pré-história, indicações de caminhos e de localizações de objetos comparativamente a outros poderiam ser desenhados ou esculpidos. Posteriormente, o aparecimento da escrita tornou os registros mais confiáveis e eficazes.

Descobertas históricas e arqueológicas revelam que muito do desenvolvimento das técnicas de navegação aconteceu a partir das demandas advindas da navegação marítima e da necessidade humana de conquistar lugares cada vez mais distantes. Segundo Aczel (2002), há registros de navegações marítimas primitivas em mar aberto, inclusive a milhares de milhas de distância de qualquer costa litorânea, comprovando a habilidade de povos antigos em se orientar sem o auxílio de instrumentos de precisão, como a bússola.

Mas como isso foi possível? Para responder a esse questionamento, é importante fazermos um esforço de imaginação: precisamos compreender que, por volta de um a dois milênios antes de Cristo, as técnicas eram diferentes das atuais e extremamente menos práticas. Tratava-se da compreensão sobre as marés, do conhecimento do solo oceânico, dos ventos, das correntes e, até mesmo, dos hábitos de diferentes animais, como as rotas de migração de pássaros e memória para reconhecer portos seguros já visitados.

Um elemento essencial para a navegação é a **Rosa dos Ventos**, mostrada na Figura 2.1. Ela foi criada com base nas direções dos ventos e, inicialmente, era composta por 8 e 12 ventos/direções, evoluindo desde a Idade Média para 16 ventos e seus múltiplos 32 e 64. Esse instrumento foi primordial para a utilização da bússola, que seria criada posteriormente (Aczel, 2002).

Figura 2.1 Rosa dos Ventos

O domínio do uso da **bússola** de forma prática e precisa, sem sombra de dúvidas, revolucionou o futuro das navegações em todo o planeta. Essa ferramenta levou a humanidade a diferentes regiões por caminhos nunca imaginados.

A bússola é considerada o primeiro instrumento que permitiu determinar direções de modo rápido e preciso a qualquer hora do dia ou da noite e sob praticamente quaisquer condições. Isso permitiu a evolução das navegações terrestres, marítimas e, posteriormente, aéreas (Aczel, 2002).

Gurgel (2017) supõe que o domínio da bússola marítima, em conjunto com a carta portulana e a ciência da navegação, tenha surgido em razão das necessidades práticas de mercadores e navegantes, nos portos do Mediterrâneo, nos séculos XIII e XIV, constituindo-se em elementos fundamentais para o desenvolvimento tecnológico que desencadeou a Revolução Comercial na Europa.

Esse instrumento, assim como a própria navegação, como vimos anteriormente, tem origem incerta. Aczel (2002) apresenta indicativos de uma associação entre a origem da bússola magnética e práticas místicas etruscas. No entanto, a cidade de Amalfi, na Itália, teria sido responsável pela inovação da bússola, entre os anos 1295 e 1302. Cartas náuticas italianas da Idade Média, entre outras fontes, teriam indícios de sua transformação em "uma caixa redonda em que um quadrante com uma rosa dos ventos e uma divisão em 360 graus gira, preso a um elemento magnético" (Aczel, 2002, p. 36).

O domínio do uso da bússola de forma prática e precisa, sem sombra de dúvidas, revolucionou o futuro das navegações em todo o planeta.

Outra ferramenta igualmente importante foram as representações por meio de **mapas**. Estes, também de origem incerta, eram confeccionados por diferentes civilizações antes da descoberta da orientação magnética. Contudo, a cartografia teve grande desenvolvimento desde o momento em que os mapas começaram a conter a rosa dos ventos e passaram a ser utilizados em conjunto com a bússola.

Segundo Gurgel (2017, p. 266), "são da Antiguidade Oriental as representações cartográficas conhecidas e consideradas as mais antigas do mundo". O autor cita ainda alguns povos antigos das Américas, como os Maias e os Astecas, que possuíam rica tradição cartográfica.

Quanto à Ásia pré-histórica, uma pintura em parede de um provável plano urbano da cidade de Çatalhuyuk, de 6200 a.C., foi encontrada na Turquia, em 1960. Já na Europa pré-histórica, uma gravação rupestre foi reconhecida como mapa autêntico da Idade do Bronze, com origem no fim do Período Neolítico (2800 a.C.), já com rosa dos ventos e um tipo de escala. Além disso, a Antiguidade Clássica greco-romana (ca. 800 a.C.–500 d.C.) contribuiu para muitos dos conhecimentos atuais sobre cartografia: concepção da esfericidade da terra, noções de polos, círculos máximos do planeta, latitude e longitude, desenvolvimento das primeiras projeções etc. (Gurgel, 2017).

Aczel (2002, p. 66) acredita que "nos séculos XIII e XIV, com o advento da bússola magnética que girava e mostrava direções reais em uma rosa dos ventos, foram traçados mapas mais exatos que podiam ser usados juntamente com a nova bússola".

Outro elemento fundamental foi o estabelecimento do **sistema de coordenadas geográficas**, essencial para desvendar nossa localização precisa em qualquer ponto da superfície terrestre sem a necessidade de pontos de referência. Como sabemos, uma coordenada geográfica é composta por dois ângulos: a **latitude**, formada pela angulação entre paralelos, que tem como referência a Linha do Equador; e a **longitude**, encontrada com base na angulação entre meridianos, tendo como referência o Meridiano de Greenwich.

Segundo Friedmann (2009), a medição da latitude foi possibilitada pela evolução dos instrumentos de medição de ângulos. Porém, o estabelecimento da longitude foi uma tarefa mais difícil, que precisou esperar pelo desenvolvimento dos cronômetros de precisão.

Você imagina o porquê dessa necessidade?

Vamos refletir. Para sabermos a angulação exata entre um meridiano terrestre e outro, devemos nos preocupar também com a medição precisa do tempo, já que a Terra está em constante movimento de rotação.

John Harrison, inglês que viveu entre 1693 e 1776, é reconhecido como o primeiro a desenvolver cronômetros marítimos práticos e confiáveis. Era possível, desde então, determinar posições precisas e navegar com base em coordenadas, mas esse feito era restrito a seletas pessoas que tinham conhecimentos específicos de geometria, matemática e habilidade para manusear os instrumentos de medição (Friedmann, 2009).

Contudo, podemos nos perguntar como a navegação, principalmente seu tipo terrestre, tornou-se tão acessível e popular atualmente. Esse fator se deve ao surgimento do GPS, Global System Position, em português Sistema de Posicionamento Global, criado na década de 1970 pelo departamento de defesa dos Estados Unidos.

Esse sistema, denominado Navstar GPS™, consiste em um conjunto de satélites que servem de referência de posição para receptores localizados na superfície terrestre. Estes últimos calculam sua posição com base na interpretação das informações de, pelo menos, quatro satélites que estiverem no raio de captação do aparelho. Sua criação permitiu o acesso direto e em tempo real à informação sobre nosso posicionamento terrestre de forma prática e confiável (Friedmann, 2009).

Dito isso, é possível perceber como o surgimento e a evolução de cada um desses elementos contribuiu para aproximar a navegação do nosso cotidiano, criando facilidades e melhorando a qualidade de nossas vidas, inclusive no âmbito da educação física. Não é recente a relação de tais técnicas com determinadas práticas esportivas e de lazer. Desde o fim do século XIX existe o esporte orientação, por exemplo, que reúne leitura de mapa, uso da bússola e escolha de rotas com o objetivo desafiador de se seguir um percurso predeterminado no menor tempo possível.

Além disso, a acessibilidade de informações e a facilidade de uso dos instrumentos contemporâneos revolucionou o universo das atividades físicas na natureza, aumentando a diversidade das modalidades e a quantidade de participantes.

2.2 Elementos técnicos da navegação terrestre

Como são múltiplas as técnicas de navegação terrestre existentes, optamos por focar naquelas que apresentam maior potencial para serem trabalhadas no âmbito da educação física. Em especial, destacamos as que são utilizadas em algumas modalidades esportivas, atividades de aventura e práticas ao ar livre.

Elencamos, dessa forma, a leitura de mapas, o uso da bússola e do GPS. Confira os detalhes a seguir.

2.2.1 Leitura de mapas

A leitura de mapas é, certamente, uma das mais praticadas técnicas de navegação no nosso cotidiano. Com certeza, ao longo de sua vida, você já se deparou com uma grande variedade de mapas, já que não os utilizamos apenas quando precisamos navegar de um ponto a outro, pois os mapas têm funções diferentes de acordo com seus tipos. Por exemplo, quando pretendemos visualizar em que parte do continente americano se encontra o Chile, nós recorremos a um mapa-múndi; porém, se precisamos demonstrar para nossos alunos as mudanças de relevo existentes no terreno onde será realizada a próxima aula de campo, podemos examinar uma carta topográfica.

Conforme cita Magalhães (2018), a reunião de estudos e de operações científicas, técnicas e artísticas necessárias para a elaboração dos mapas, entre outras formas de expressão, é denominada *cartografia*. O **mapa** pode ser definido como uma representação da superfície terrestre ou, mais especificamente, como a representação de localizações e do relacionamento existente entre essas localizações. Para a navegação, os mapas são importantes na determinação da nossa posição inicial e na escolha dos trajetos para nos deslocarmos entre posições (Friedmann, 2009).

Já que nosso objetivo é a sua utilização específica para a navegação terrestre, concentraremos nosso olhar no tipo de mapa mais adequado para esse fim, a **carta topográfica**, a qual inclui detalhes sobre os elementos naturais (relevo, vegetação, hidrografia) e artificiais (estradas e construções) do terreno. Um exemplo desse tipo de mapa é mostrado na Figura 2.2. Nela, percebemos que a carta é delimitada por meridianos e paralelos (coordenadas geográficas) e não por fronteiras, como é comum nos demais tipos de mapas.

Figura 2.2 Carta Topográfica – Trecho do Litoral Paranaense – 2859-1-NO (recorte)

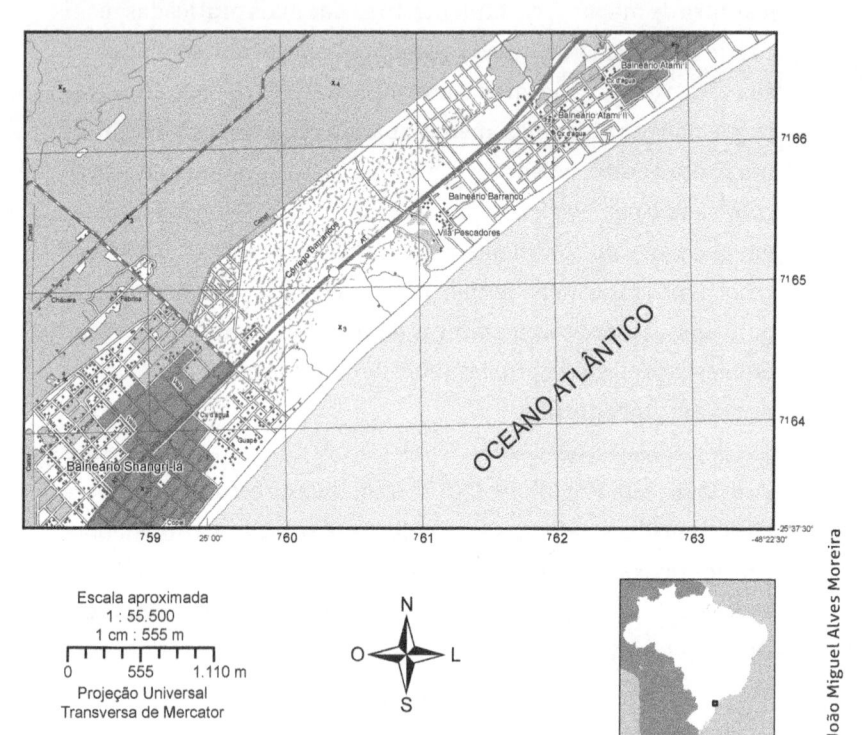

Escala aproximada
1 : 55.500
1 cm : 555 m
0   555   1.110 m
Projeção Universal Transversa de Mercator

João Miguel Alves Moreira

Fonte: Paraná, 2020.

Para que uma carta como essa, que representa uma pequena parte do litoral do Estado do Paraná, possa ser utilizada para fins de orientação espacial e deslocamento entre posições, precisamos dominar mais alguns elementos. Um deles é a **escala**, que diz respeito à relação de proporção que se estabelece entre o tamanho real do terreno e sua representação no mapa. Ela poderá ser numérica ou gráfica. No primeiro caso, a relação é apresentada em forma de fração com a unidade para numerador (Magalhães, 2018), como mostra o Quadro 2.1.

Quadro 2.1 Escala numérica

Fórmula	Legenda	Exemplo	Descrição
$E = d/D$	E = escala d = distância medida na carta D = distância real (no terreno)	$E = 1/25.000$	Cada centímetro representado no mapa equivale a 25.000 cm no terreno, ou 250 m.

Fonte: Elaborado com base em Magalhães, 2018.

Já a escala gráfica pode ser visualizada no Quadro 2.2. Ela consiste na representação de várias distâncias do terreno sobre uma linha reta graduada (Magalhães, 2018).

Quadro 2.2 Escala gráfica

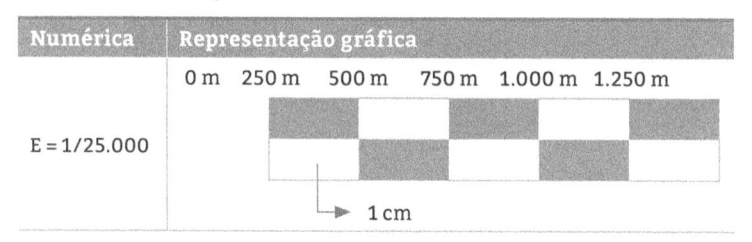

Numérica	Representação gráfica
$E = 1/25.000$	0 m 250 m 500 m 750 m 1.000 m 1.250 m 1 cm

Fonte: Elaborado com base em Magalhães, 2018.

Quanto maior a escala utilizada, mais detalhados serão os elementos do terreno representados no mapa e melhor ela servirá para a navegação terrestre. Para que uma carta possa ser navegada de maneira eficiente, o ideal é que ela tenha uma escala mínima de 1/25.000 (um para 25 mil).

É o caso da carta topográfica que representa um trecho do litoral paranaense, cujas informações podem ser visualizadas na Figura 2.3, a seguir.

Figura 2.3 Carta Topográfica – Trecho do Litoral Paranaense – 2859-1-NO (Informações)

Escala 1:25.000

```
1000      500      0              1000           2000 Metros
```

Escala de declividade

| 1°   3°   5° 15°25°45° |
| 2°   4°   10° 20° 35° |

EQUIDISTÂNCIA DAS CURVAS DE NÍVEL: 10 METROS

AS CURVAS MESTRAS ESTÃO REPRESENTADAS EM LINHA GROSSA CONTÍNUA E CORRESPONDEM A CADA 5 CURVA DE NÍVEL

PROJEÇÃO UNIVERSAL TRANSVERSA DE MERCATOR

DECLINAÇÃO MAGNÉTICA EM 1998 E CONVERGÊNCIA MERIDIANA DO CENTRO DA FOLHA

DATUM VERTICAL: IMBITUBA – SANTA CATARINA

DATUM HORIZONTAL: SAD – 69 – MINAS GERAIS

ORIGEM DA QUILOMETRAGEM UTM: "EQUADOR E MERIDIANO 51° W.GR."

ACRESCIDAS AS CONSTANTES 10.000 KM E 500 KM, RESPECTIVAMENTE

NM NQ NG

-17°32'

-1°06'39"

A DECLINAÇÃO MAGNÉTICA CRESCE -7.0° ANUALMENTE

EXEMPLO DE OBTENÇÃO DE COORDENADAS PLANAS DE UM PONTO DESTA FOLHA COM 25 METROS DE APROXIMAÇÃO	
NÃO SE DEVEM TOMAR EM CONTA os algarismos em TIPO PEQUENO de qualquer número de quadrícula: esses algarismos são para determinar os valores complementares das coordenadas. Utilizam-se SOMENTE os algarismos do TIPO GRANDE. Exemplo	74 **97** 000
PONTO UTILIZADO COMO EXEMPLO: ESCOLA	
1. Localiza-se a linha VERTICAL da quadrícula situada imediatamente a ESQUERDA do ponto e leem-se os algarismos de TIPO GRANDE correspondentes a ela, na margem superior ou inferior da folha; Estimam-se os milímetros (do intervalo da quadrícula) entre a linha mencionada e o ponto e divide-se por 4.	5 3 0 9
2. Localiza-se a linha HORIZONTAL da quadrícula situada imediatamente ABAIXO do ponto e leem-se os algarismos de TIPO GRANDE correspondentes a ela, na margem esquerda ou direita da folha; Estimam-se os milímetros (do intervalo da quadrícula) entre a linha mencionada e o ponto e divide-se por 4.	5 5 0 3
EXEMPLO de referência:	5 3 9 5 5 3

Fonte: Paraná, 2019.

Qualquer carta topográfica deve conter todas as informações necessárias para que possamos compreender como aquela fração de superfície terrestre pôde ser representada graficamente. Na Figura 2.3 vemos, por exemplo, o **tipo de projeção**, o qual revela como a curvatura terrestre foi representada de forma plana, no mapa descrito. Como podemos perceber, foi utilizada a projeção Universal Transversa de Mercator (UTM), que consiste em uma projeção cilíndrica transversa, ou seja, o cilindro está no eixo do Equador e serve para minimizar as deformações de um mapa.

Além disso, as informações da carta descrevem uma equidistância de 10 metros. Para compreender o que isso significa, é necessário esclarecer o conceito de **curva de nível**. De acordo com Magalhães (2018), esse elemento se caracteriza por uma linha imaginária no terreno, na qual todos os pontos que a compõem apresentam a mesma altitude. Dessa forma, em um mapa são necessárias, pelo menos, duas curvas de nível para representar as diferenças de altitudes presentes em um terreno. Chamamos de *equidistância* o espaçamento existente entre duas dessas curvas, ou seja, o desnível entre elas, como demonstra a Figura 2.4, na mesma linha.

Figura 2.4 Representação de curvas de nível

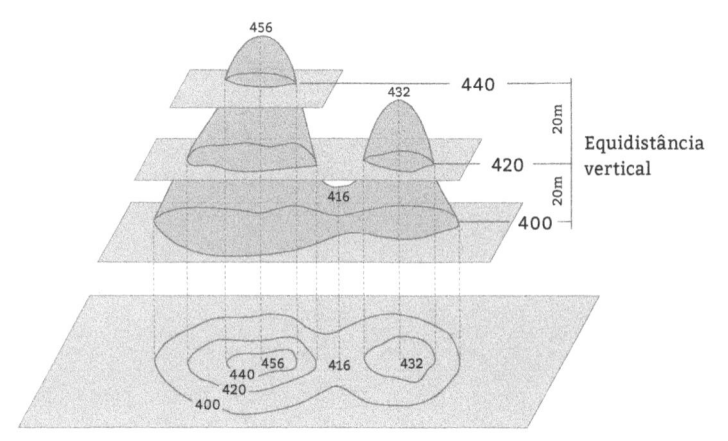

Fonte: Elaborado com base em Magalhães, 2018.

Já a Figura 2.5 demonstra a representação das curvas de nível de um recorte do relevo paranaense. Nela podemos ver o valor de algumas curvas, as quais também estão destacadas. Estas são denominadas *curvas mestras*.

Figura 2.5 Curvas de nível do relevo paranaense

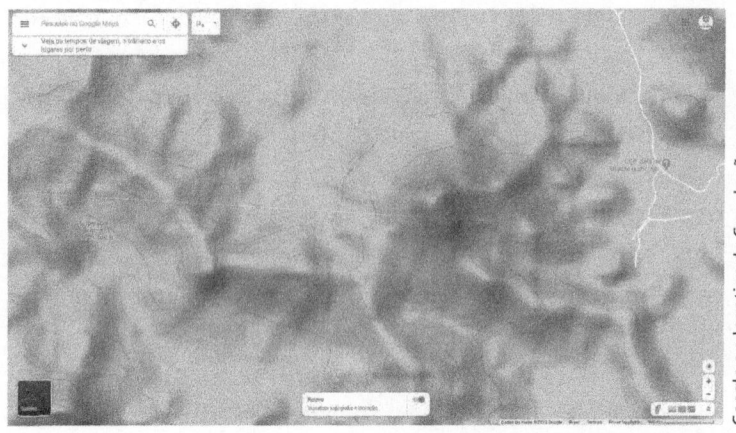

Fonte: Google Maps, 2019.

Google e o logotipo do Google são marcas registradas da Google LLC, usadas com permissão

Por fim, outro componente essencial para a leitura de mapas são os **elementos de representação**. Para que a superfície terrestre seja representada em dimensões reduzidas, é preciso associar os elementos representáveis a símbolos e convenções (Magalhães, 2018). Na Figura 2.6, é possível conferirmos alguns desses elementos.

Figura 2.6 Carta Topográfica – Trecho do Litoral Paranaense – 2859-1-NO (símbolos)

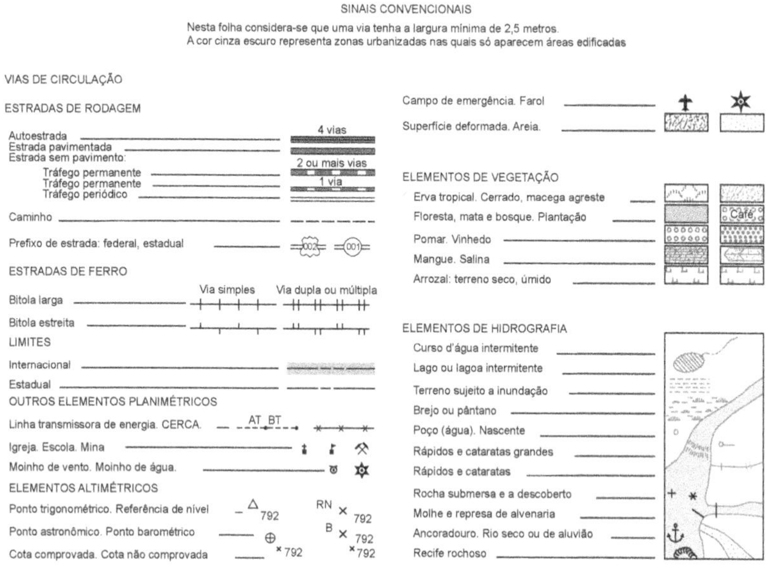

SINAIS CONVENCIONAIS
Nesta folha considera-se que uma via tenha a largura mínima de 2,5 metros.
A cor cinza escuro representa zonas urbanizadas nas quais só aparecem áreas edificadas.

VIAS DE CIRCULAÇÃO
ESTRADAS DE RODAGEM
Autoestrada
Estrada pavimentada
Estrada sem pavimento:
 Tráfego permanente
 Tráfego permanente
 Tráfego periódico
Caminho
Prefixo de estrada: federal, estadual
ESTRADAS DE FERRO
Bitola larga — Via simples / Via dupla ou múltipla
Bitola estreita
LIMITES
Internacional
Estadual
OUTROS ELEMENTOS PLANIMÉTRICOS
Linha transmissora de energia. CERCA. AT BT
Igreja. Escola. Mina
Moinho de vento. Moinho de água.
ELEMENTOS ALTIMÉTRICOS
Ponto trigonométrico. Referência de nível
Ponto astronômico. Ponto barométrico
Cota comprovada. Cota não comprovada

Campo de emergência. Farol
Superfície deformada. Areia.
ELEMENTOS DE VEGETAÇÃO
 Erva tropical. Cerrado, macega agreste
 Floresta, mata e bosque. Plantação
 Pomar. Vinhedo
 Mangue. Salina
 Arrozal: terreno seco, úmido
ELEMENTOS DE HIDROGRAFIA
 Curso d'água intermitente
 Lago ou lagoa intermitente
 Terreno sujeito a inundação
 Brejo ou pântano
 Poço (água). Nascente
 Rápidos e cataratas grandes
 Rápidos e cataratas
 Rocha submersa e a descoberto
 Molhe e represa de alvenaria
 Ancoradouro. Rio seco ou de aluvião
 Recife rochoso

Fonte: Paraná, 2019.

Você poderá encontrar cartas topográficas confiáveis com o auxílio de instituições públicas, como o Instituto de Terras, Cartografia e Geologia do Paraná (ITCG-PR) ou o Instituto Brasileiro de Geografia e Estatística (IBGE). Já os mapas específicos para o esporte orientação podem ser adquiridos na Confederação Brasileira de Orientação (CBO) e demais entidades, federações e clubes a ela associados. Estes são confeccionados em grandes escalas, sendo ricos em elementos de representação e de fácil compreensão.

2.2.2 Uso da bússola

Assim como os mapas, existem diferentes tipos de bússolas, as quais servirão a finalidades diversas. Todavia, em essência, esses instrumentos têm uma agulha metálica imantada com capacidade de girar livremente no plano horizontal.

Bússolas são usadas para determinar o norte magnético com base na direção indicada pelo ponteiro, ao atingir seu ponto de equilíbrio. Optamos por apresentar neste capítulo a **bússola plana**, conhecida também como *bússola de campo* ou *de orientação* (Figura 2.7), pois ela apresenta mais possibilidades de uso e facilidade de manuseio.

Figura 2.7 Bússola plana e seus componentes

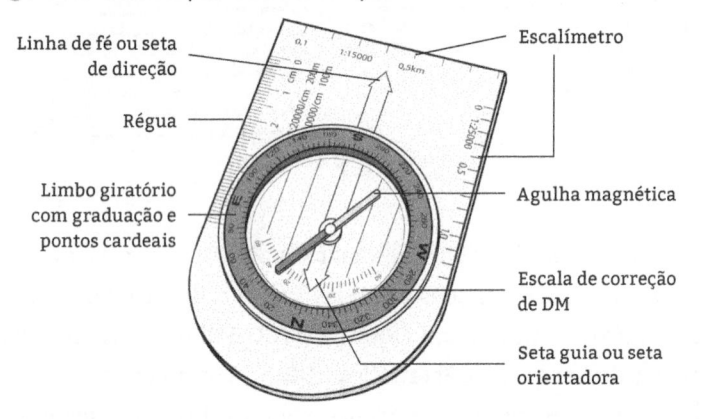

- Linha de fé ou seta de direção
- Régua
- Limbo giratório com graduação e pontos cardeais
- Escalímetro
- Agulha magnética
- Escala de correção de DM
- Seta guia ou seta orientadora

Will Amaro

Na Figura 2.7, é possível conferir os principais componentes de uma bússola plana. O limbo giratório apresenta uma angulação de zero a 360°. Essa graduação se relaciona com as direções referentes aos pontos cardeais da seguinte forma: Norte (N) = 0°/360°; Leste (E) = 90°; Sul (S) = 180°; Oeste (W) = 270°. Essa relação pode ser mais bem compreendida por meio da apresentação gráfica da rosa dos ventos e dos pontos cardeais e colaterais, demonstrada anteriormente na Figura 2.1. A linha de fé serve para indicar a angulação e a direção a ser seguida. Já a agulha magnética apresenta uma extremidade vermelha que aponta para o N, e outra preta ou branca que aponta para o S.

Agora que você já conhece os componentes da bússola, é preciso entender o seu funcionamento. Esse instrumento serve basicamente para indicar direções, as quais são descritas por meio do **ângulo de orientação** ou **azimute** – este é medido em sentido horário desde a direção o N até a direção considerada. Com base nisso, você poderá se deslocar até um destino predeterminado ou registrar o ângulo (azimute) correspondente à direção de um objeto ou ponto.

Imaginemos, por exemplo, que você precise ir até um ponto que, sabidamente, fica a nordeste do seu ponto de partida. Para seguir invariavelmente essa direção, você deve:

1. posicionar a bússola sobre uma de suas mãos, à frente do seu corpo, de modo que a linha de fé aponte para a sua frente;
2. girar o limbo de sua bússola até que o azimute NE (45°) coincida com a linha de fé;
3. com a bússola na posição horizontal, deve girá-la juntamente ao seu corpo até a agulha se alinhar com a seta orientadora, de modo que o lado vermelho aponte para o N; feito isso, a linha de fé apontará para a direção correspondente ao azimute desejado (NE–45°);
4. escolha um ponto de referência no terreno localizado na direção do azimute especificado e siga em sua direção.

Essa sequência pode ser visualizada na Figura 2.8.

Figura 2.8 Direção correspondente a um azimute

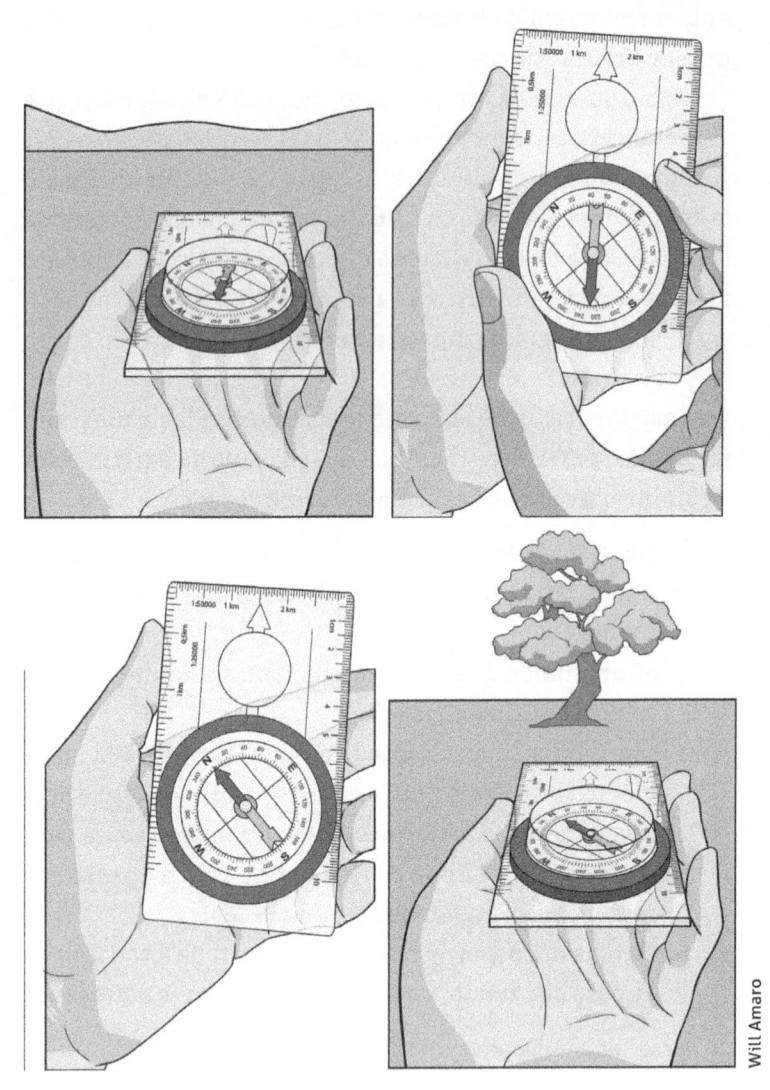

De outra forma, caso queira determinar o azimute correspondente a uma direção a ser seguida, você deve proceder da seguinte forma:

- com a bússola em posição horizontal, você deve girá-la juntamente ao seu corpo até que a linha de fé aponte para a direção especificada;
- sem tirar a bússola dessa posição, gire o limbo até que a agulha se emparelhe com a seta orientadora. Com o lado vermelho apontando para N, o valor do azimute correspondente à direção desejada estará indicado na marca da linha de fé; nesse caso específico, será 160°.

Confira esses detalhes a seguir na Figura 2.9.

Figura 2.9 Azimute correspondente a uma direção

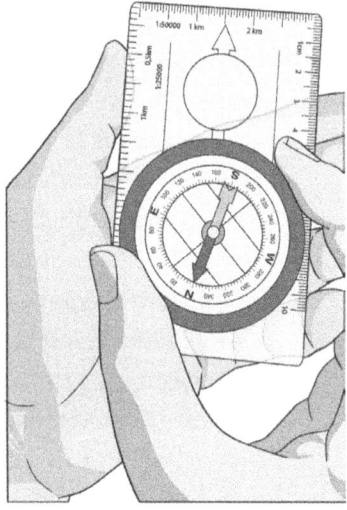

Como vimos, a bússola é um material acessível e de fácil utilização. É uma ferramenta indispensável para o ensino de navegação terrestre nas aulas de Educação Física. Ela poderá ser utilizada isoladamente ou associada a outros instrumentos de navegação, como veremos na sequência.

2.2.3 Navegação com auxílio de bússola, mapa e GPS

Perceba que os dois exemplos listados anteriormente apresentam situações em que podemos obter direções apenas com a bússola, sem a necessidade de um mapa. Porém, ao associarmos esse instrumento a uma carta topográfica de escala adequada ou a um mapa de orientação, potencializamos suas funções e facilitamos o ato de navegar.

Agora, de acordo com a sequência apresentada na Figura 2.9, suponhamos que você queira se deslocar de um ponto X para um ponto Y. Para tanto, você deve realizar as seguintes ações:

1. segure a bússola sobre o mapa firmemente à frente do seu corpo;
2. alinhe a lateral da base da bússola com os pontos X e Y, de modo que a linha de fé aponte para o destino;
3. gire o limbo até que as linhas meridianas da bússola estejam paralelas às linhas verticais da carta, com a seta orientadora apontando para o N da carta – caso não haja indicação do N, a seta orientadora deve apontar para a parte de cima do mapa;
4. ainda segurando o mapa e a bússola firmemente na posição horizontal, gire seu corpo até a agulha se alinhar com a seta orientadora, de modo que o lado vermelho aponte para o N;
5. feito isso, a linha de fé apontará para a direção correspondente ao azimute desejado;
6. escolha um ponto de referência no terreno localizado na direção do azimute especificado e siga em sua direção.

Você poderá também ter uma medida exata da distância a ser percorrida, aferindo o espaço entre os dois pontos com a régua ou o escalímetro da bússola.

Figura 2.10 Direção correspondente a um azimute com auxílio de mapa e bússola

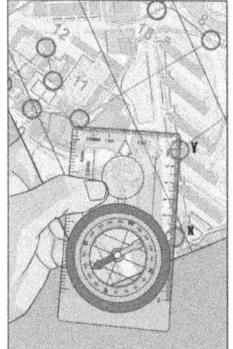

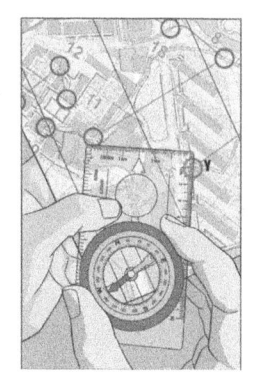

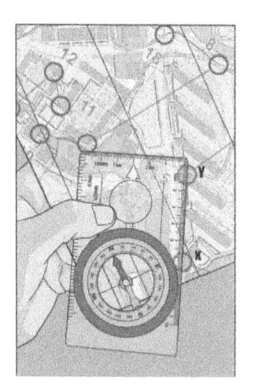

Nesse caso, é imprescindível esclarecer que existem diferenças entre o **norte geográfico** e **norte magnético** (bússola). O primeiro é determinado a partir dos polos norte e sul geográficos, e o segundo em função do campo magnético da Terra. Além deles, existe ainda o **norte de quadrícula**. No exemplo anterior, utilizamos um mapa de orientação que é confeccionado com base no norte magnético e, dessa forma, não precisa de conversão. Já nas cartas topográficas, que são desenhadas com base no norte de quadrícula, ao utilizarmos a bússola associada com o mapa, precisamos considerar a **declinação magnética** (DM).

Antes de seguir o azimute encontrado, devemos acrescentar a diferença de angulação apresentada na descrição da carta. Caso você não queira fazer as contas para determinar essa diferença de ângulo, o ideal é que tenha à disposição uma bússola com mecanismo ajustável ou escala fixa (Figura 2.7) de correção de DM. A primeira é mais prática que a segunda, pois, após o ajuste manual, a bússola passará a indicar o novo azimute automaticamente e pelo tempo desejado.

Importante

Além desses recursos, você tem também a opção de trabalhar com o **GPS**. Convém informar que o sistema GPS é dividido em três segmentos funcionais distintos: o espacial, o de controle e o do usuário. O que é comumente conhecido como GPS é, na verdade, um receptor GPS que faz parte do segmento do usuário. Esses receptores coletam dados enviados pelos satélites, transformando-os em coordenadas, distâncias, tempo, deslocamento e velocidade, por meio de processamento em tempo real ou *a posteriori* (Carvalho; Araújo, 2009).

Atualmente, existem muitos modelos de receptores que variam, principalmente, com relação à qualidade da recepção e a alguns recursos. A praticidade e a precisão desse equipamento simplificaram e democratizaram o ato de navegar.

O receptor GPS pode ser utilizado basicamente para armazenar as coordenadas de sua posição em tempo real. Essa coordenada armazenada é denominada *waypoint*. Além disso, você também poderá traçar uma rota (*routes*), ou seja, marcar o deslocamento total entre o ponto de partida e o ponto de chegada. O GPS, segundo Friedmann (2009), possui ainda o recurso de gravar uma sequência de posições a intervalos convenientes (*tracklog*).

Com esses recursos básicos, você poderá utilizar o GPS como uma eficiente ferramenta nas suas atividades de navegação. Para tanto, é necessário conhecer as características e as formas de uso específicas de cada aparelho.

2.3 Métodos de ensino de navegação terrestre na educação física

Para uma eficiente reflexão sobre questões de ensino/aprendizagem, a abordagem de alguns elementos pedagógicos é imprescindível. Começaremos, dessa maneira, pelo planejamento.

As ideias sobre o planejamento são discutidas amplamente na literatura atual. Há convergência, pelo menos, entre duas concepções, que consideram o planejamento a previsão metódica de uma ação a ser desencadeada, além de uma racionalização dos meios para atingir os fins (Sant'Anna et al., 1995; Padilha, 2001; Moretto, 2010; Reis; Carvalho, 2017). Em outras palavras, é um processo no qual devem ser tomadas decisões entre muitas alternativas, a fim de atingir, de forma eficiente e com algum grau de certeza, determinados objetivos e resultados previstos.

Tendo definido os objetivos, o professor deve escolher os métodos e as técnicas para apresentar situações de aprendizagem que cumpram com os objetivos do planejamento. Nesse caso, busca-se produzir aprendizados nos alunos referentes à navegação terrestre em um contexto e um espaço delimitados.

Sobre essa questão, podemos refletir: Será que podemos atingir esses objetivos com a metodologia tradicional da educação física? Ou é possível fazer algumas inovações para o tratamento da temática?

Como estamos falando de atividades alternativas, vamos propor metodologias alternativas para o ensino da navegação

> terrestre. Isso não quer dizer que elas sejam imutáveis ou definitivas, nem que constituam uma fórmula mágica de ensino: elas apenas representam uma aproximação que deve se adequar às diferentes realidades e aos contextos existentes.

A primeira coisa que devemos saber é que essas estratégias didáticas e metodológicas têm como objetivo permitir o alcance das competências necessárias para se desenvolver da melhor maneira no espaço, ou seja, o conhecimento e a interação com o meio físico. Isto é, fornecer possibilidades de ir para o meio natural, fazendo saídas para que aprendizes desenvolvam um bom desempenho e consigam se orientar e navegar em ambiente natural. Muito importante é ter a maior quantidade de vivências, para que se desenvolva o senso de orientação e o conhecimento das próprias possibilidades e dificuldades.

Assim, nossa proposta de progressão espacial e metodológica para a navegação está centrada no avanço gradual, partindo do conhecimento do entorno imediato, como um parque urbano conhecido e familiar, passando por parques ou praças menos conhecidas (entorno próximo) e evoluindo até chegar aos espaços abertos e terrenos desconhecidos, de maior complexidade. Mesmo assim, como na leitura de mapas com mais detalhes e escalas específicas, as atividades no terreno vão evoluindo desde desenhar seu metro quadrado até conseguir elaborar um plano com as características próprias da paisagem.

Na transição do entorno imediato ao entorno próximo, são reforçados os conceitos e os conteúdos transversais, como a autoconfiança, a autoestima, a afetividade e o respeito pelo meio ambiente e por seus semelhantes. Isso fomenta a integração e ajuda no processo de tomada de decisões e resolução de problemas, como observamos na Figura 2.11.

Figura 2.11 Progressão espacial e metodológica para o trabalho de orientação

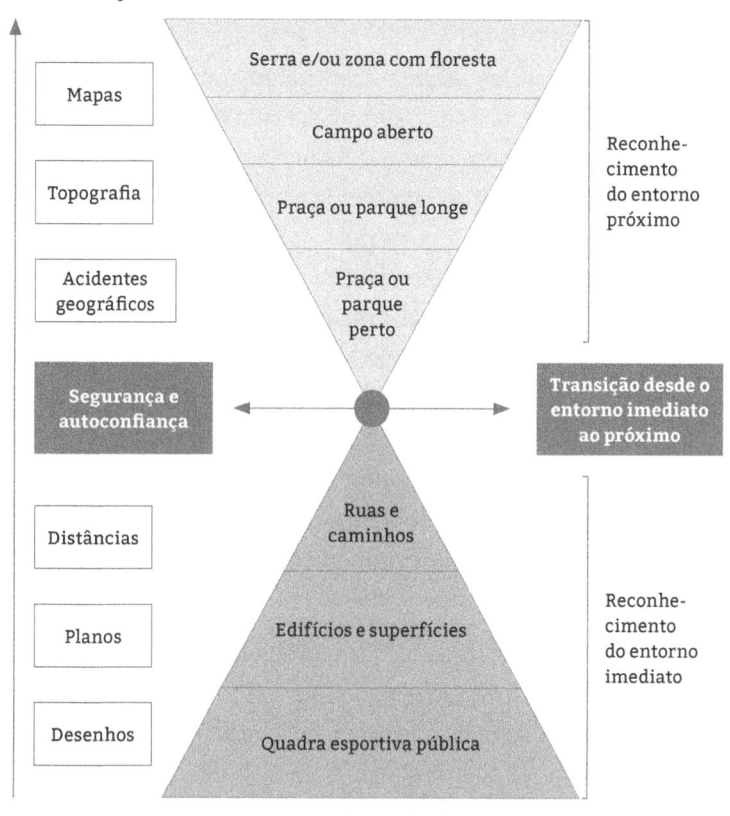

```
        Mapas
                        Serra e/ou zona com floresta
                                                              Reconhe-
        Topografia      Campo aberto                          cimento
                                                              do entorno
                        Praça ou parque longe                 próximo

        Acidentes       Praça ou
        geográficos     parque
                        perto

     Segurança e                          Transição desde o
     autoconfiança      ●────────●        entorno imediato
                                          ao próximo

        Distâncias      Ruas e
                        caminhos
                                                              Reconhe-
        Planos          Edifícios e superfícies               cimento
                                                              do entorno
                                                              imediato
        Desenhos        Quadra esportiva pública
```

Fonte: Elaborado com base em Castillo-Retamal; Cordero-Tapia e Scopel, AJGS (2019).

Nessa proposta, e também de acordo com as ideias de Trepat e Comes (1998, p. 162, tradução nossa), "os alunos vão encontrar situações problemáticas que devem resolver aplicando seu saber espacial" com base na participação em jogos e brincadeiras associados ao trabalho colaborativo e ao uso de mapas, distâncias, altitudes, cartas, desenhos e instrumentos, além de interagir com os colegas e os espaços perto e longe, conhecidos ou não. Contudo, a proposta de progressão – ou tratamento da navegação – pode ser trabalhada de acordo com as ideias norteadoras do ponto de vista metodológico de pesquisadores como Melero (2009), Casado Mora

(2010), Benítez (2009), Gómez Martínez (2013), Castillo-Retamal e Cordero (2017) e Pimentel et al. (2017).

Inicialmente, propõe-se usar uma técnica por indagação, na qual são criadas situações didáticas fundamentalmente baseadas na resolução de problemas. Segundo Casado Mora (2010), para se conseguir o sucesso em uma atividade, deve existir uma explicação inicial e outras de caráter técnico entre os exercícios, antes de introduzir a atividade posterior.

A recomendação é fazer explicações curtas e simples, com objetivos claros, acompanhadas de exercícios práticos para que o conteúdo seja assimilado da melhor forma pelo grupo de aprendizes, tendo em conta que é muita informação para ser passada nas primeiras sessões de trabalho. Quando os elementos básicos da navegação e a sua dinâmica já tiverem sido assimilados, será possível enfatizar melhor os aspectos técnicos. No entanto, existem dois aspectos que, segundo Kronlund (1991), devem ser trabalhados desde o primeiro dia:

1. **Familiarização com a simbologia do mapa**: relacionar a iconografia do mapa com elementos próprios da realidade – lembrando que esse é um dos principais processos mentais nesta atividade. A ideia é que aprendizes consigam interpretar os elementos que são reais com base naqueles que são representados no mapa e, dessa maneira, antecipamos os requisitos dos exercícios seguintes. Assim, deverão ser fornecidas algumas representações gráficas de locais conhecidos, em diferentes escalas, em formato impresso ou usando as novas tecnologias. As atividades com esse tipo de mapa permitem a orientação espacial e a sua interpretação. Também é possível propor atividades baseadas em percursos entre pontos conhecidos ou localização de elementos no espaço gráfico.
2. **Orientar o mapa**: trabalhar com a técnica mais básica dessa atividade, que estará presente desde o primeiro dia

até as práticas mais complexas. Inicialmente, os aprendizados irão trabalhar com apoio dos elementos lineares, como muros, passarelas, cercas vivas e quadras esportivas. Na etapa de aperfeiçoamento, eles trabalharão com o relevo e as curvas de nível.

Não obstante, é preciso complementar essas ações com outras atividades, dirigidas à aplicação desses conhecimentos iniciais, de modo a estimular a coconstrução de aprendizagens desde a informação recebida (Ibañez; León, 2013):

- **Saídas ao meio** – as visitas guiadas são uma alternativa enriquecedora para conhecer o seu espaço mais próximo. Essas atividades podem se apoiar no uso de mapas e cartas para consolidar sua interiorização. É necessário tentar favorecer a observação e a análise de aspectos da realidade para ampliar as possibilidades de representação gráfica.
- **Construção de maquetes** por meio da realização de desenhos espaciais usando diferentes materiais, a depender da idade e das características do grupo de aprendizes (por exemplo: papel, massa de modelar, madeiras). É uma boa alternativa passar das representações bidimensionais, no papel, às tridimensionais, em maquetes ou estruturas com volume.
- **Processos de pesquisa no meio ambiente** – como realizar um catálogo de ervas ou árvores dentro de um parque ou praça, que permita interagir com o meio, situação que permite nos orientar no espaço para situar as origens das amostras.
- **Atividades ao ar livre**, através de uma trilha, usando as técnicas naturais de orientação e navegação para sobrevivência na natureza. Também podem ser utilizados meios mais tecnológicos, como o GPS, ou mais clássicos, como a bússola, de acordo com o que já estudamos anteriormente.

||| Preste atenção

Entendendo que a metodologia para o desenvolvimento dos conteúdos da área motiva o gosto pela atividade física e a confiança em suas próprias capacidades, sugerimos promover situações de interação e atividades participativas que favoreçam a cooperação, o trabalho em equipe, o respeito às outras pessoas e às normas de convivência. Nesse sentido, a navegação é um conteúdo com potencial de trabalho interdisciplinar com o qual pode-se trabalhar praticamente qualquer temática, fornecendo aos professores uma possibilidade concreta de interação e, com algum grau de segurança, de provocar aprendizagens significativas e permanentes à comunidade discente.

De acordo com a faixa etária, as atividades devem ter um caráter eminentemente lúdico, pois converte o jogo no contexto ideal para a maioria das aprendizagens. Nesse sentido, são propostas algumas alternativas para a iniciação à navegação terrestre por intermédio do jogo e de situações lúdicas. Confira os detalhes no Quadro 2.3.

Quadro 2.3 Proposta de atividades de iniciação à navegação terrestre

Tipo de jogo	Descrição
Jogos sensoriais	Consiste em isolar um sentido (visão ou audição) e se deslocar para um local ou outro em função dos estímulos recebidos. Ao se orientar nesses jogos com base na informação recebida pelos sentidos, isso se transforma no primeiro elo para começar a navegação e orientação.
Jogos de pistas	Consiste na realização de um percurso, no menor tempo possível, procurando pistas e salvando provas e/ou perguntas durante o jogo, guiadas por um código de sinais.

(continua)

(Quadro 2.3 – conclusão)

Tipo de jogo	Descrição
Trilhas de orientação	Consiste em fazer um percurso caminhando no meio natural, seguindo pontos assinalados em um mapa até se chegar a um lugar previsto. Normalmente, são realizadas em grupos.
Jogos de orientação	À diferença do anterior, aqui se usa bússola e/ou mapa como meio de orientação. Podem ser incluídas atividades de representação do espaço, jogos de familiarização com a bússola e busca de balizas ou pontos num parque com a ajuda de um mapa.
Corrida de orientação	Consiste na realização de um percurso no menor tempo possível, desde a saída até a chegada, passando por diferentes controles ou balizas. Emprega-se um mapa, uma bússola e um cartão de controle, o qual deve conter ao final a marcação de todos os pontos, para garantir que se passou pelos diferentes lugares estabelecidos. Essa marcação poderá ser feita por meio de um picotador manual ou eletrônico.

Fonte: Elaborado com base em García et al., 2005; González, 2014.

Para fecharmos o nosso tema sobre métodos de ensino, é importante que cada uma das atividades tenha: progressão da dificuldade e objetivos definidos. A navegação é uma ferramenta altamente eficaz para o tratamento de qualquer temática, além de desenvolver autonomia, autoconfiança e responsabilidade e favorecer atitudes de cooperação, solidariedade e cuidado com o meio ambiente.

2.4 Aplicabilidade da navegação terrestre em diferentes contextos

As atividades na natureza, por suas características de cenário e estrutura, permitem ir além do meramente disciplinar e, com isso, atingir aprendizagens específicas com sentido e significado. Elas não somente podem ser desenvolvidas no campo da educação física, mas também nas demais áreas do saber, de forma a fortalecer uma formação que integre a multidimensionalidade do conhecimento e, portanto, a do próprio ser humano (Castillo, 2010).

Nesse sentido, faz-se necessário apresentar algumas orientações que permitam uma estruturação básica de início com respeito à abordagem da navegação terrestre, de modo a organizar de maneira coerente os conteúdos com base nas possibilidades que o contorno apresenta (infraestrutura, áreas verdes próximas, associação com clubes, parques, escolas, universidades). Diante do exposto, acreditamos que a melhor forma de se trabalhar com a navegação terrestre, seja no contexto empresarial, seja nos contextos recreativo e turístico, é por meio dos fundamentos do **esporte orientação**. Este, em sua concepção, é dividido em quatro vertentes: competitiva, ambiental, pedagógica e turística (Albuquerque, 2012).

Na **vertente pedagógica**, a orientação visa melhorar a "qualidade do ensino e a motivação, não importando o desempenho, mas sim a formação do indivíduo para o exercício da cidadania e para a prática do lazer" (Albuquerque, 2012, p. 111). Essa vertente promove valores como o trabalho em equipe, o respeito à natureza e a conscientização sobre a importância da inclusão e da atividade física.

Segundo Silva, Castro e Rodrigues (2010), após a prática dessas atividades com foco na aquisição de novos conhecimentos, todas as pessoas envolvidas no processo de aprendizagem passam a ter uma visão mais ampla do espaço geográfico e ficam mais motivadas para a prática de atividades físicas, podendo ainda relacionar esses novos conhecimentos a disciplinas já conhecidas, como Geografia, Matemática e Ciências. Seus conceitos podem contribuir para assimilar elementos básicos para a leitura e a interpretação de mapas e o uso de instrumentos.

Sob essa perspectiva, o esporte orientação, com suas regras, técnicas e mapas específicos, é uma ferramenta eficiente para desenvolver práticas de navegação terrestre com grupos específicos, uma vez que desenvolve o âmbito cognitivo, morfológico, funcional, social e pessoal, apresentando também possibilidades de ser desenvolvido em clubes, parques e praças citadinos, ou em ambientes menos urbanos, como áreas florestais e parques preservados.

2.5 Elementos para o desenvolvimento de aulas de navegação terrestre

Para que haja maiores possibilidades de aplicabilidade da navegação terrestre, devemos compreender melhor o conceito de *interdisciplinaridade*, o qual foi utilizado pela primeira vez pelo sociólogo Louis Wirtz, em 1937. Trata-se da qualidade de interdisciplinar aquilo que se realiza com a cooperação de várias disciplinas (Díaz Lucea, 2010). Atualmente, é um conceito que podemos trabalhar sob diferentes âmbitos, como o social, o cultural, o pessoal, o ambiental, o esportivo e o educativo, já que as temáticas interdisciplinares são aquelas que se desenvolvem de maneira colaborativa entre duas ou mais áreas, que perseguem um objetivo específico e o desenvolvimento integral do indivíduo.

A interdisciplinaridade cobra sentido na medida em que flexibiliza e amplia os marcos de referência da realidade com base na permeabilidade entre as verdades de cada um dos saberes (Follari, 2007). Sob essa perspectiva, a navegação terrestre pode ser considerada uma atividade de índole interdisciplinar, na qual podemos integrar diferentes saberes e habilidades tendo por base diversas áreas do conhecimento, o que favorece uma formação mais integral do indivíduo (Ferreira, 2013).

Apresentaremos no Quadro 2.4 a relação entre algumas dessas áreas do conhecimento e sua relação com as técnicas da navegação terrestre.

Quadro 2.4 Conteúdos relacionados à navegação terrestre

Disciplina	Temáticas
Ciências Naturais	- Movimentos da Terra. - Características do meio. - A orientação mediante a observação de elementos do meio físico. - Meio ambiente.
Artes Visuais	- Representar num plano distâncias, percursos e posicionamento de objetos. - Interpretar o conteúdo de imagens e representações. - Representar as formas no espaço. - Percepção visual diante de diferentes paisagens.
Linguagem e Comunicação	- Interpretar, expressar e representar fatos, conceitos e processos do meio natural. - Interpretação de símbolos. - Desenvolvimento pessoal com base em atividades de participação coletiva. - Interpretação e descrição verbal de croquis de itinerários e elaboração destes. - Descrição da posição de objetos do entorno a respeito de si mesmo(a): diante/por trás de mim, em cima/embaixo de mim, à minha direita/esquerda. - Descrever o posicionamento de um objeto no espaço em relação a si mesmo(a), utilizando os conceitos de esquerda-direita, frente-trás, acima-abaixo, perto-longe e próximo-longínquo.
Matemática	- Elaborar e utilizar instrumentos e estratégias pessoais de cálculo mental e medida, bem como procedimentos de orientação espacial, em contextos de resolução de problemas, decidindo, em cada caso, as vantagens de seu uso e valorizando a coerência dos resultados. - Medida com instrumentos e estratégias não convencionais. - Expressar corretamente a localização de um objeto no espaço. - Utilização de instrumentos de desenho e programas informáticos para a construção e a exploração de formas geométricas. - Formulação de argumentações sobre a validade de uma solução, identificando, se for o caso, os erros. Colaboração ativa e responsável no trabalho em equipe, manifestando iniciativa para resolver problemas que implicam a aplicação dos conteúdos estudados.

(continua)

(Quadro 2.4 – conclusão)

Disciplina	Temáticas
História, Geografia e Ciências Sociais	Métodos naturais: - O Sol, pelo qual podemos determinar os pontos cardeais. - O musgo, que indica o lado norte das árvores porque não lhes toca o Sol. - A estrela polar, que está sempre ao norte. Métodos artificiais: - O mapa como representação gráfica de um espaço num plano. - O plano como representação gráfica de um espaço, com a diferença de que este mostra mais detalhes da realidade do que os mapas. - A bússola, que consiste numa pequena caixa recheada de líquido cujo interior tem uma agulha magnética, a qual pode girar livremente sobre um suporte vertical e que sempre indica onde se encontra o norte magnético. - O GPS, que atua por intermédio de satélites – seu maior inconveniente é que, em espaços fechados, não recebe corretamente os sinais. - Orientação no espaço. Os pontos cardinais e a bússola. - Uso de croqui, planos e mapas. - Representação com escala de espaços conhecidos. - Diferentes representações sobre um mesmo espaço (planos, fotografias, representações aéreas e outros meios tecnológicos). - Planejamento de percursos. - Localização em diferentes representações cartográficas de elementos relevantes de geografia física e política do mundo.

Fonte: Elaborado com base em Castillo; Cordero, 2017; Castillo, Cordero e Scopel, 2019.

Quando nos referimos à navegação terrestre na perspectiva da educação física, não nos referimos apenas ao desenvolvimento motriz, mas também à combinação do exercício mental que essa atividade permite. Sendo assim, práticas que envolvem técnicas de navegação implicam uma série de benefícios, como:

- Cooperação.
- Tomada de decisões referentes a situações repentinas.
- Desafio ante um meio desconhecido.
- Cálculos precisos.
- Relação direta com o meio natural.
- Cifrar e decifrar informação.
- Identificar estratégias e debilidades.
- Saber atuar em função de suas próprias possibilidades.
- Desenvolvimento da condição física.
- Elaborar estratégias.
- Conhecer e respeitar o meio ambiente.
- Enfrentar situações difíceis.
- Conhecimentos complexos e técnicos avançados com mapa e bússola.
- Saúde e qualidade de vida.
- Trabalho em equipe.
- Discussões, comentários e decisões.
- Resolução de problemas.

Nesse sentido, a navegação terrestre e as atividades na natureza, em termos gerais, são utilizadas como elementos para a formação e o desenvolvimento pessoal e profissional. Na atualidade você vai encontrar, por exemplo, empresas que estão incorporando essas estratégias como técnicas para a gestão de recursos humanos, fornecendo, assim, mais um espaço de desenvolvimento profissional para o bacharelado em Educação Física. Esse contexto apresenta uma grande possibilidade de atuação, tendo como cenário as múltiplas paisagens que o Brasil fornece para a prática da navegação e as atividades alternativas em geral, podendo-se desenvolver projetos esportivos, turísticos e de competição com um olhar centrado nas empresas que precisam elevar seus níveis de produtividade com base em propostas inovadoras com objetivos centrados no desenvolvimento humano.

Nessa mesma linha, o aproveitamento do patrimônio natural, cultural e histórico do país, baseado na prática esportiva de uma maneira sustentável e respeitosa com o meio ambiente, vai conseguir fornecer aos praticantes experiências significativas. Estas podem ser encaixadas em atividades próprias de clubes desportivos, colônias de férias ou por meio da organização de eventos esportivos associados à navegação, atingindo, assim, objetivos como promoção da saúde, melhora da qualidade de vida, lazer, recreação, aspectos sociais e trabalho em equipe.

Finalmente, a navegação, como atividade que é praticada ao ar livre, é uma ferramenta simples, eficaz e divertida para trabalhar com qualquer grupo etário. Ela pode conseguir qualquer objetivo que você proponha, pois vai depender apenas da sua disposição para conhecer e aplicar essa atividade alternativa na sua prática profissional.

Síntese

Sintetizamos o conteúdo trabalhado neste capítulo no quadro a seguir.

Navegação terrestre	
Definição	Navegação terrestre é o conjunto de técnicas utilizado para o deslocamento entre posições na superfície terrestre.
Aspectos históricos	As primeiras técnicas de navegação foram: observação astral; utilização do relevo como referência; memória para reconhecer portos já visitados; compreensão sobre marés, solo oceânico, ventos, correntes e hábitos de animais. A bússola, considerada o primeiro instrumento que permitiu determinar direções de modo rápido e preciso a qualquer hora do dia ou da noite, permitiu a evolução das navegações terrestres, marítimas e aéreas.

(continua)

(conclusão)

Navegação terrestre	
Aspectos históricos	A cartografia teve grande desenvolvimento desde o momento em que os mapas começaram a conter a rosa dos ventos e passaram a ser utilizados em conjunto com a bússola.
	O sistema de coordenadas geográficas, viabilizado pelos cronômetros de precisão, foi essencial para precisar localizações em qualquer ponto da superfície terrestre, sem a necessidade de pontos de referência.
	O GPS foi criado na década de 1970 e permitiu o acesso direto e em tempo real à informação sobre posicionamento.
Elementos técnicos	As técnicas de navegação terrestre que mais possuem potencial para serem utilizadas como ferramentas didáticas para a Educação Física são a leitura de mapas e o uso da bússola e do GPS.
	A familiarização com a simbologia e a orientação do mapa são elementos que deverão ser trabalhados desde o primeiro dia de aula.
	Atividades iniciais dirigidas a estimular a coconstrução de aprendizagens: saídas ao meio, construção de maquetes, processos de pesquisa, atividades ao ar livre.
	Alternativas para a iniciação à navegação terrestre por intermédio do jogo e de situações lúdicas: jogos sensoriais, jogos de pistas, trilhas de orientação, jogos de orientação, corrida de orientação.
Métodos de ensino	A progressão espacial e metodológica para a navegação deverá ser gradativa, partindo do conhecimento do entorno imediato, como um parque urbano conhecido e familiar, passando por parques ou praças menos conhecidos e evoluindo até chegar aos espaços abertos e terrenos desconhecidos, de maior complexidade.
Aplicabilidade da navegação terrestre	A navegação terrestre é considerada uma atividade de índole interdisciplinar, na qual podemos integrar diferentes saberes e habilidades, tendo por base diversas áreas do conhecimento.
	Exemplo de disciplinas que podem ser relacionadas à navegação terrestre: Ciências Naturais, Artes Visuais, Linguagem e Comunicação, Matemática, História, Geografia e Ciências Sociais.

⋙ Indicações culturais

HOJE NO MUNDO MILITAR. Disponível em: <https://www.youtube.com/channel/UCxDFRhF3Y1A_Gd0-cF8gbqQ>. Acesso em: 13 jan. 2020.

Para saber mais sobre as origens do Sistema de Posicionamento Global (GPS), acesse o canal Hoje no Mundo Militar e assista aos vídeos sobre GPS.

CBO – Confederação Brasileira de Orientação. Disponível em: <https://www.cbo.org.br/>. Acesso em: 13 jan. 2020.

Para informações sobre a prática do esporte orientação e seus mapas específicos, sugerimos consultar os diversos conteúdos disponíveis no *site* da Confederação Brasileira de Orientação (CBO).

1492: A CONQUISTA do paraíso. Direção: Ridley Scott. EUA: Paramount, 1992. 154 min.

Indicamos esse filme para você aprofundar seus conhecimentos sobre o uso dos instrumentos de navegação durante o período das Grandes Navegações.

▦ Atividades de autoavaliação

1. Segundo a progressão metodológica proposta e com base na resolução de problemas, o ideal para iniciar o processo de aprendizagem de técnicas de navegação é:
   a) Prática e uso do GPS e imagens de satélite.
   b) Jogos e brincadeiras associadas ao uso de mapas.
   c) Manusear a bússola no espaço aberto.
   d) Fazer medições do terreno e da altitude.
   e) Todas as anteriores.

2. Assinale a alternativa que apresenta benefícios da navegação.
   a) Identificar estratégias e debilidades, conhecer e respeitar o meio ambiente.
   b) Elaborar estratégias e tomar decisões diante de situações repentinas.

c) Cooperação, relação direta com o meio natural e desenvolvimento da condição física e saúde.

d) Desafio ante um meio desconhecido; saber atuar em função das próprias possibilidades, conhecimentos complexos e técnicos avançados de mapa e bússola.

e) Todas as anteriores.

3. Segundo Albuquerque (2012), existem quatro vertentes da orientação. Assinale a alternativa que contém as opções corretas:

a) Turística, terapêutica, social e ambiental.

b) Pedagógica, ambiental, terapêutica e competitiva.

c) Terapêutica, pedagógica, competitiva e turística.

d) Pedagógica, competitiva, turística e ambiental.

e) Competitiva, ambiental, social e turística.

4. Marque a alternativa que apresenta elementos constituintes de um mapa.

a) Escala, projeção, declinação magnética, curvas de nível e equidistância, elementos de representação.

b) Bússola, projeção, curvas de nível, equidistância, escala e curvas de nível.

c) Declinação magnética, GPS, escala, projeção, curvas de nível e equidistância.

d) Curva de nível, limbo, agulha, linha de fé, escala e declinação magnética.

e) Escala, projeção, declinação magnética, curvas de nível e equidistância, linha de azimute.

5. Relacione a seguir os componentes de uma bússola com as suas respectivas funções:

1. Linha de fé ou seta de direção	( ) Utilizada para alinhar a agulha e achar o azimute.
2. Escalímetro	( ) Utilizada quando o mapa apresenta norte diferente do norte magnético.
3. Agulha magnética	( ) Mostra a graduação e os pontos cardeais.
4. Seta guia ou seta orientadora	( ) Indica a direção a se seguir.
5. Escala de correção de declinação magnética	( ) Medir distância no mapa para fazer a conversão para o terreno.
6. Régua	( ) Indica o norte magnético.
7. Limbo giratório	( ) Faz a conversão da escala do mapa para a distância no terreno.

Agora assinale a alternativa que apresenta a sequência correta.

a) 4; 5; 7; 1; 6; 3; 2.
b) 1; 3; 7; 2; 6; 4; 5.
c) 4; 2; 6; 1; 5; 7; 3.
d) 1; 5; 7; 4; 6; 3; 2.
e) 4; 3; 7; 2; 6; 1; 5.

Atividades de aprendizagem

Questões para reflexão

1. É possível trabalhar com navegação de forma que esse conteúdo esteja em sintonia com outras áreas do conhecimento, de maneira a estabelecer relações com a realidade concreta das pessoas envolvidas e a contribuir para a melhoria da saúde e da qualidade de vida?

2. Quais são as principais barreiras que você pode encontrar para a implantação de um projeto ou de um evento que envolva atividades de navegação no seu contexto profissional?

Atividade aplicada: prática

1. Utilize os conhecimentos adquiridos neste capítulo para elaborar um projeto que envolva atividades de navegação. O público e o ambiente ficam a seu critério: pode ser uma proposta de treinamento voltada a grupos empresariais, uma atividade a ser desenvolvida em hotéis de lazer ou um evento esportivo.

Capítulo 3

Parkour

Alessandra Vieira Fernandes

Neste capítulo, apresentaremos a atividade alternativa *parkour*, a qual foi popularizada na década de 1980 e representa uma das novas manifestações culturais do corpo. O *parkour* é compreendido como "atividade física alternativa" em decorrência dos aspectos filosóficos e sociais (princípios e valores do *parkour*), ecológicos (apropriação não usual do espaço) e estéticos (vestimenta, linguagem e coletividade dos praticantes) que integram essa prática.

Assim, para abordar essa modalidade, partiremos dos aspectos históricos e conceituais, do processo de sistematização e da popularização do *parkour*, bem como da institucionalização e da espetacularização dessa prática. Além disso, discutiremos os aspectos técnicos e a gestão de risco da modalidade e sua aplicabilidade em diferentes contextos.

Ademais, apresentaremos os movimentos do *parkour* e seus elementos técnicos, bem como o risco e a segurança na modalidade. Por fim, examinaremos a inserção do *parkour* em diferentes cenários de atuação.

Desse modo, após o estudo deste capítulo, você compreenderá o cenário de emergência do *parkour*, reconhecerá suas bases históricas e filosóficas e poderá analisar e identificar as mudanças na modalidade ao longo de seu processo de popularização.

3.1 Contextualização histórica do *parkour*

O *parkour* tem como finalidade possibilitar movimentação ou percursos por meio de técnicas próprias de deslocamento e transposição de obstáculos em qualquer ambiente (Lordêllo, 2011; Perriére; Belle, 2014; Thibault, 2014). A história dessa modalidade tem raízes no **Método Natural de Educação Física**, desenvolvido por Georges Hébert, o qual, por sua vez, fundamentou o método no treinamento militar francês conhecido por *parcours du combattant* (percurso dos combatentes). Na vivência de ambos os métodos, inter-relacionados, o *parkour* surge como uma manifestação da cultura corporal e um novo meio de explorar e se apropriar do meio.

Georges Hébert exerceu a maior influência no desenvolvimento da educação física na França. Ele acreditava que tanto a Educação Física quanto o esporte competitivo estavam desviados de suas finalidades fisiológicas e de sua capacidade de promover os valores morais. Assim, com base em suas viagens e no contato com diferentes povos e culturas, ele desenvolveu um método de educação do corpo que articula a natureza e o altruísmo e está baseado no princípio *"Etre fort pour être utile"* (Ser forte para ser útil). Esse princípio também foi incorporado pelo *parkour* e integra seus aspectos filosóficos (Angel, 2011).

Preste atenção!

George Hébert (1875-1957) foi oficial da marinha francesa, viajou por todo o mundo e se inspirou no desenvolvimento físico e na habilidade dos povos indígenas africanos: eram corpos esplêndidos, flexíveis, ágeis, habilidosos e resistentes (Soares, 2003). Presente na erupção vulcânica catastrófica de 1902 em St. Pierre (no Departamento Ultramarino Francês da Martinica), ele heroicamente coordenou a fuga e o resgate de cerca de 300 pessoas. Essa experiência reforçou sua crença de que a habilidade atlética deveria ser combinada com bravura e altruísmo. O método natural desenvolvido por ele é, por conseguinte, a codificação, a adaptação e a gradação dos procedimentos e dos meios empregados pelos seres vivos em estado de natureza para adquirir seu desenvolvimento integral (Hébert, 1941). Ele deduziu uma série de dez grupos de exercícios: marcha, corrida, salto, quadrupedia, trepar, equilíbrio, lançamento, transporte, defesa e natação.

O bombeiro francês Raymond Belle vivenciou o Método Natural e transmitiu seus aprendizados para seu filho David Belle, o qual, juntamente com um grupo de jovens, adaptou-o para áreas urbanas no subúrbio parisiense de Lisses.

Esses jovens começaram a seguir o desejo natural de correr, pular e brincar, encontrando maneiras diferentes de se apropriar e se mover pela cidade (Rehbein, 2013). Assim, por meio de um conjunto de personalidades, motivações e influências diferentes que demarcavam esses jovens, foi possível para eles o desenvolvimento de um "laboratório ao ar livre", que moldou as bases da modalidade que, posteriormente, seria denominada *parkour* (Perriére; Belle, 2014).

Importante!

Apesar da importância de David Belle no desenvolvimento do *parkour*, não podemos nos referir unicamente a ele como precursor dessa prática. Muitos outros foram cruciais para a criação, o aprimoramento e a expansão da modalidade.

O cenário em que esses jovens residiam foi crucial para o desenvolvimento dessa prática, um bairro suburbano afastado do grande centro da cidade, o qual era:

- demarcado pela marginalização;
- circunscrito por desigualdades econômicas, violências, gangues e ausência de políticas públicas de esporte e lazer;
- uma região onde habitavam diferentes nacionalidades e, consequentemente, pontos de vista religiosos viviam em confronto.

Nesse cenário, o *parkour* emergiu para suprir uma demanda de socialização e de atividades de lazer. Além disso, seus fundamentos filosóficos foram construídos com base nesse contexto, nas experiências e influências dos jovens precursores. Tais fundamentos permitiram demarcar a particularidade do *parkour* no campo das práticas corporais. De acordo com Angel (2011), trata-se de uma prática:

- coletiva que prioriza a superação individual;
- não competitiva;
- que envolve apenas o uso do corpo para ultrapassar obstáculos dentro de uma rota.

No *parkour*, tudo é visto como um obstáculo que pode ser usado para criar e executar movimentos (Bavinton, 2007). As barreiras espaciais da cidade são transformadas em obstáculos lúdicos para saltar, correr e ultrapassar (Kidder, 2012). Um ambiente aparentemente construído para determinada finalidade – por exemplo, permitir às pessoas ter acesso a um metrô – pode ser usado para outro intuito, como saltar para chegar mais rápido em um lugar (Pimentel et al., 2017). Assim, nessa modalidade é possível (re)imaginar e (re)inventar a cidade. Estudos de Saville (2008), Liu et al. (2012) e Ameel e Tani (2012) revelam que praticantes de *parkour* têm uma maneira específica de perceber um ambiente que, anteriormente, não era visto como atraente ou interessante, de modo a desvendar oportunidades de uma prática criativa.

Pense a respeito

Diante dessas concepções, por que é possível modificar a percepção sobre o ambiente/espaço por meio do treino do *parkour*?

Essa modalidade foi criada, desenvolvida e codificada em áreas urbanas, enraizando um conjunto de princípios associados a uma maneira particular de mover-se dentro do ambiente e de superar obstáculos de todos os tipos, sejam físicos, sejam psicológicos ou sociais. Esses princípios incluem a busca pela melhora de si mesmo e o uso das habilidades desenvolvidas para ajudar os outros. Como citamos anteriormente, o *parkour* agregou o princípio *"Etre fort pour être utile"* (Ser forte para ser útil) do método natural francês, o qual implica desenvolver habilidades físicas e mentais e usá-las tanto para o próprio crescimento quanto para ajudar os outros em suas dificuldades e em seu desenvolvimento, não somente na modalidade, mas também na sociedade.

O *parkour* também está relacionado a questões sociais e políticas, concentrando-se em seus aspectos de inclusão social (sendo considerada uma prática para todas as pessoas) e seu potencial para questionar maneiras convencionais de explorar o espaço físico. Ademais, a modalidade também se baseia no princípio *"Etre et durer"* (Ser e durar), que equivale à preocupação e ao respeito à integridade física. Em síntese, deve-se treiná-la com prudência para evitar lesões e conservar uma prática a longo prazo.

Importante!

Apesar de ser uma prática individual, o *parkour* agrega a cultura e a ideologia da comunidade entre os praticantes (Angel, 2011). A prática sugere uma forma específica de coletividade. Os praticantes compartilham da perspectiva de cooperação, unidade e busca de um objetivo comum de desenvolvimento pessoal (Angel, 2011; Guss, 2011). Assim, o companheirismo, o respeito mútuo, o altruísmo, a integração social, a responsabilidade e a solidariedade são elementos presentes no grupo refletidos na partilha da água, nos gestos de apoio físico durante os treinos, no amparo físico ao colega que busca efetivar um movimento novo com risco maior de acidente, na vibração e nos aplausos pelos movimentos realizados etc. (Fernandes; Galvão, 2016).

Essas bases filosóficas ou "valores" acompanham a modalidade desde seu surgimento, mas também vêm se modificando ao longo do tempo (como veremos na Seção 3.2. Por essas características, Angel (2011) separa o *parkour* em três vertentes: (1) um método de treinamento para superar obstáculos físicos; (2) forma de treinar a mente para superar dificuldades cotidianas; (3) uma maneira de expressão que cultiva a imaginação e gera emoções.

Como podemos observar, o *parkour*, além de constituir uma modalidade de transposição de obstáculos em qualquer ambiente, também articula um conjunto de valores que atravessam o seu desenvolvimento. Para compreender sua história, apresentaremos o processo de disseminação da prática com base na nomeação da modalidade, de seus praticantes e da apropriação da mídia.

3.2 O processo de sistematização e popularização do *parkour*

Com base nesses aspectos históricos e conceituais, podemos agora apresentar o desenvolvimento e a popularização dessa modalidade. Alguns autores, como Lordêllo (2011), distinguem duas fases do *parkour*:

1. **Primeira fase (por volta da década de 1980)**: corresponde à socialização do grupo de jovens parisienses que se divertiam explorando a cidade por meio da execução de movimentos; eles não se preocupavam em atribuir um nome àquilo que estavam fazendo.
2. **Segunda fase (1993-1996)**: representada pela sistematização do *parkour* diante da nomeação dos movimentos básicos e da própria prática.
   Em 1995, surgiu a primeira tentativa de denominação dessa modalidade[1], referida como *Art du Déplacement* (arte do deslocamento). Nesse mesmo ano, formou-se o primeiro grupo, conhecido por Yamakasi, composto pelos precursores David Belle, Sébastien Foucan, Katy Belle, Châu Belle-Dinh, Yann Hnautra, Laurent Piemontesi, Williams

---

[1] Inicialmente, a modalidade tratada neste capítulo não era originalmente conhecida como *parkour*.

Belle e outros[2]. Em 1996, Belle vivenciou o *parcours du combattant*, o que modificou o termo arte do deslocamento para *parkour*. Essa palavra foi derivada do termo francês *parcours*, que designa "percurso", "circuito", "caminho" ou "rota". Os praticantes do sexo masculino foram denominados *traceur* ou *tracer* e as praticantes *traceuse*[3].

Após a sistematização e a atribuição de nomes à prática, aos movimentos (que serão abordados na Seção 3.3) e aos praticantes, o *parkour* adquiriu popularidade e suas técnicas e fundamentos se difundiram em países americanos e europeus. Essa difusão se deu, principalmente, pela participação dos praticantes em peças teatrais, vídeos na internet e programas de televisão (Lordêllo, 2011).

Desde o surgimento dessa modalidade, a mídia teve relevante influência na sua popularização e disseminação. O filme *Rush Hour* (1998) foi uma das primeiras representações do *parkour* na mídia, além dos projetos *Jump London* (2003) e *Jump Britain* (2005). A prática também foi divulgada pelos filmes *Yamakasi* (2001), *13º Distrito* (2004) e *13º Distrito: Ultimatum* (2009), ambos com David Belle, e *Cassino Royale* (2006), este com a participação de Sébastien Foucan.

Importante

Apesar da influência do papel da mídia, a rápida expansão e o desenvolvimento do *parkour* são decorrentes, em grande parte, do compartilhamento de vídeos amadores e tutoriais no YouTube e da criação de *blogs* e fóruns que abordam essa modalidade.

---

[2] Na época, Katy Belle era a única mulher do grupo.

[3] Essa denominação advém do latim *tractiare*, que significa "aquele que realiza o percurso". Esse termo foi escolhido por David Belle e Sébastien Foucan para dar ênfase à execução rápida e eficiente do movimento em qualquer ambiente.

No Brasil, há indícios de que a modalidade teve início em 2004 (Stramandinoli; Remonte; Marchetti, 2012), por meio da internet e de praticantes que viajaram para o exterior e conheceram o *parkour*, propagando-o em diferentes regiões do país. Em razão de suas características e aparente radicalidade, a prática no Brasil causou polêmica e seus praticantes foram, frequentemente, confundidos com vândalos por utilizar diferentes ambientes urbanos de maneira não convencional (Stramandinoli; Remonte; Marchetti, 2012).

Notamos que a sistematização da modalidade e a apropriação da mídia contribuíram para a popularização do *parkour* no mundo, inclusive no Brasil. Essa popularização foi acompanhada de um processo de institucionalização, composto por órgãos regulamentadores da modalidade e de eventos competitivos, como veremos a seguir.

3.3 A institucionalização e a espetacularização da modalidade

Com o desenvolvimento e a popularização do *parkour*, discutidos anteriormente, a modalidade tem se modificado ao longo do tempo, incorporando características dos esportes tradicionais. Podemos considerar que tais mudanças são produtos de um processo de **institucionalização e espetacularização**[4]. Nesse processo, observamos que, em nível mundial, expandem-se: as academias de *parkour*; as instituições de regulamentação da prática, supervisão e profissionalização de instrutores; e os eventos de competição.

---

[4] Esse processo de transformação é conhecido como *esportivização* (Elias; Dunning, 1992).

> **Pense a respeito**
>
> Diante desse cenário emergente, sugerimos que você reflita sobre os possíveis desdobramentos que a institucionalização e a espetacularização provocaram nessa modalidade que, em suas bases iniciais, enfatizava valores como o altruísmo, e a não competitividade.

A partir de 2005 foram fundadas organizações e instituições para direcionar e regulamentar o *parkour*, o que contribuiu também para sua divulgação e expansão. Algumas dessas organizações, como demonstraremos a seguir, construíram programas de certificação de instrutores.

A organização **Parkour Generations**, caracterizada como a primeira e maior organização profissional de *parkour* do mundo, contempla praticantes de diversos países que mediam ensino, consultoria, demonstrações públicas, representações artísticas, trabalho de mídia e pesquisas acadêmicas (Parkour Generations, 2018). Ela foi fundada em 2005 por praticantes com a finalidade de organizar e referenciar a disciplina. Essa organização desenvolveu, inclusive, programas de *parkour* para escolas, para o meio *fitness*, entre outros espaços.

A equipe do Parkour Generations também criou o primeiro programa de qualificação de professores de *parkour*, o **Art du Deplacement and Parkour Teaching** (Adapt). Esse programa foi oficializado e criado com base na demanda do governo britânico, tornando a certificação obrigatória para instrutores e possibilitando a fiscalização de políticas públicas de investimento público no *parkour* na Inglaterra (Lordêllo, 2011). Logo, o programa qualificou praticantes para transmitirem os princípios e os movimentos fundamentais da modalidade com segurança e competência.

A qualificação, ramificada em três níveis, consiste em um curso de formação que dura de três a cinco dias, baseado em avaliações que incluem testes físicos, escritos e verbais, assim como o registro de carga horária de treinamento supervisionado. O programa fomenta conhecimentos associados à técnica dos movimentos de *parkour*, habilidades de *coaching* e comunicação pedagógica, anatomia básica e fisiologia, prevenção e gestão de lesões e primeiros socorros (Adapt, 2020).

Já em 2007 foi fundada a **World Freerunning and Parkour Federation** (WFPF), a qual, por sua vez, em 2013, contribuiu para a criação da **Federação Internacional de Parkour** (IFP), uma organização sem fins lucrativos que estabeleceu um corpo administrativo para o *parkour*. A WFPF igualmente agregou um programa de certificação, que também consiste em três níveis de formação (WFPF, 2020b).

> No Brasil, praticantes de diferentes regiões fundaram a Associação Brasileira de Parkour (ABPK), registrada em 2006. Atualmente, vários estados possuem uma associação consolidada ou em desenvolvimento.

No que se refere ao direcionamento do *parkour* no Brasil, praticantes de diferentes regiões fundaram a **Associação Brasileira de Parkour** (ABPK), registrada em 2006. Atualmente, vários estados possuem uma associação consolidada ou em desenvolvimento.

Preste atenção!

A ABPK é uma associação sem fins lucrativos criada para disseminar a prática "correta" da modalidade (ABPK, 2020). Essa associação realiza anualmente, em cidades diferentes, o Encontro Brasileiro de *Parkour*, que reúne praticantes de diferentes regiões. A escolha anual da cidade-sede do encontro é orientada por um edital divulgado pela associação.

A modalidade também tem sido disseminada no país pelas academias destinadas à prática e ao ensino do *parkour*. Embora ainda não exista um órgão nacional de certificação específica para instrutores no país, muitos praticantes têm qualificação da Adapt ou da WFPF. Ademais, algumas instituições exigem dos instrutores o registro no Conselho Federal de Educação Física do país, a fim de garantir a competência para fornecer aulas da modalidade.

Além das instituições e do órgão de certificação de instrutores de *parkour*, as competições que envolvem essa modalidade têm se expandido.

> **Preste atenção!**
>
> Nessas competições, há fortemente a presença do *freeruning*, modalidade que foi desenvolvida em paralelo com o *parkour*. A origem e as bases filosóficas são similares. Porém, diferentemente do *parkour*, o *freeruning* não agrega a finalidade da eficiência da movimentação e inclui elementos acrobáticos. Essas modalidades, geralmente, são apresentadas de maneira unificada, pois os praticantes utilizam simultaneamente as movimentações de ambas para se exibirem ou competirem em eventos.

A primeira competição aconteceu em 2007, com o Art of Motion e, desde então, elas foram ampliadas, lapidadas e popularizadas em muitos países.

O **Art of Motion** é realizado pela empresa RedBull e constituiu a fase seminal do processo de esportivização do *parkour* no mundo. A primeira edição, de 2007, ocorreu em Viena (Áustria), e até 2017 foram realizadas outras 18 edições. De 2009 a 2015, esse evento passou a ser realizado em duas ou três edições anuais paralelas em países distintos, com predominância no arquipélago de Santorini (Grécia). Uma dessas edições ocorreu em São Paulo, em 2011.

Até a edição de 2012, os atletas que competiam eram convidados. Os convites foram substituídos por uma qualificação *on-line*. Os interessados preenchem um cadastro e submetem um vídeo do YouTube (produzido exclusivamente para o evento) em uma plataforma eletrônica específica, a fim de participar da seleção para a competição presencial. Em um percurso estruturado pela organização, os atletas têm até 60 segundos para mostrar suas habilidades nesse trajeto. O julgamento, por sua vez, efetiva-se pelos critérios de técnica, execução, fluidez, criatividade e estilo.

Outras competições internacionais com bastante expressão foram também organizadas pela WFPF, que realizou eventos no México e na Espanha e, em abril de 2016, organizou o WFPF Parkour Pro-Am Championship Winners, em Las Vegas (EUA), com a maior premiação em dinheiro já realizada em competições de *parkour* (Hagerty, 2016). Outra edição foi realizada em 2017, o WFPF Pro-Am Jump Off Championship (também em Las Vegas), afirmada como uma oportunidade de competição no cenário mundial para atletas amadores, os quais poderiam competir com os melhores atletas de *parkour* do mundo (WFPF, 2020a). A WFPF dispôs de uma plataforma *on-line* para inscrição dos praticantes, considerando categorias de competição na faixa etária a partir de 10 anos de idade.

No Brasil, além do Art of Motion, em 2014 e 2015, a Academia *Tracer* – localizada em São Paulo –, em parceria com a Yescom e a Rede Globo, organizou o **Desafio Urbano de Parkour**, que consistiu no primeiro campeonato de *parkour* em nível nacional e com maior visibilidade. Em 2014, os participantes do desafio estavam restritos a 12 atletas convidados do sexo masculino (Yescom, 2014). Na edição de 2015 houve modificações e foram abertas ao público 8 vagas para o evento, que foram disputadas numa etapa classificatória, realizada um dia antes da data oficial da competição (Yescom, 2015). Assim, praticantes se inscreveram para disputar as oito vagas e competir juntamente com atletas convidados para o evento, totalizando 16 atletas para a competição.

Na edição de 2014, a competição ocorreu da seguinte forma: os atletas disputaram em um percurso de obstáculos naturais (do espaço urbano) e artificiais (montados pela organização), sendo julgados pelos critérios de velocidade, técnica, criatividade, cooperação, força e resistência (Yescom, 2014). Em 2015, foi montado um percurso especialmente para o evento com obstáculos artificiais. Porém, em ambas as edições, a organização possibilitou aos atletas conhecer e treinar no percurso antes da competição (Yescom, 2015).

Na terceira edição, em 2016, o Desafio Urbano foi realizado no primeiro Parkour Parque construído no Centro de Esportes Radicais de São Paulo. O critério de julgamento consistiu na velocidade de realização do percurso predefinido nesse espaço, resultando em três vencedores.

Além dos eventos competitivos, outro fato que reforçou a esportivização do *parkour* corresponde à aprovação de uma modalidade semelhante pela Federação Internacional de Ginástica (FIG), em 2017. Ela é inspirada nessas práticas e as competições são denominadas *circuito de obstáculos* (Vecchioli, 2017). Tal aprovação se deu em parceria com os membros do Mouvement International du Parkour, Freerunning et l'Art Du Déplacement (França), bem como em parceria com a APEX School of Movement (EUA) e a JUMP Freerun (Holanda). As competições dessa modalidade vêm ocorrendo desde maio de 2017 e em 2020 a FIG promoverá um Campeonato Mundial de Parkour na cidade de Hiroshima, no Japão (FIG, 2019).

Diante desse contexto, notamos contestações e manifestações dos praticantes (nas redes sociais e durante os eventos) no que concerne às competições, uma vez que o *parkour* foi disseminado em oposição à competitividade com o outro. Tais eventos rompem com a essência altruísta da modalidade (Pró Parkour, 2015).

Com base nas discussões referentes à história e ao desenvolvimento do *parkour*, a seguir apresentaremos os movimentos, as técnicas e os cuidados na prática dessa modalidade.

3.4 Movimentos, aspectos técnicos e gestão de risco

Até aqui discutimos a contextualização do surgimento e do desenvolvimento do *parkour*. Nesse percurso, partimos para a apresentação dos elementos técnicos, dos movimentos e da gestão de risco na modalidade.

O objetivo do *parkour* é ser **eficiente**, ou seja, consiste em traçar um percurso e realizá-lo da forma mais rápida possível. Vamos fazer um exercício imaginário?

Pense que você está atrasado para uma ocasião muito importante, a qual vale uma oportunidade única na sua vida. Para chegar a esse lugar, não é mais possível pegar um ônibus, tampouco um "uber", e sua bicicleta está quebrada. Você tem, então, duas opções:

1. Seguir um caminho convencional de pedestre. Mesmo correndo, você chegará uns 20 minutos atrasado, com o risco de chegar ao local e não encontrar mais ninguém que lhe ofereceria essa oportunidade.
2. No caminho para chegar até lá, é possível ultrapassar alguns muros, saltar alguns degraus de escadas, atravessar uns corrimões. Seria um atalho que economizaria uns 10 minutos ou mais do seu tempo – se você fosse pelo caminho convencional.

Se você soubesse algumas técnicas de *parkour*, qual dessas opções você arriscaria escolher?

A segunda opção reflete o objetivo do treino do *parkour*, ou seja, a eficiência. Porém, para conseguir ultrapassar esses muros e saltar esses degraus, é preciso aprender, executar e repetir as técnicas dos movimentos (ou *vaults*) utilizadas na transposição de obstáculos (Rehbein, 2013), a fim de conseguir chegar "sem lesões" no local de destino.

Os possíveis movimentos e técnicas de *parkour* são ilimitados, mas isso não significa que não existem fundamentos para aprender (Thibault, 2014). Portanto, a movimentação contempla diferentes técnicas para: uma execução eficiente do movimento; absorver o impacto da movimentação; e prevenir lesões.

A maioria dos movimentos no *parkour* é realizada durante uma corrida e quase tudo pode ser transformado em obstáculo para a prática: é possível utilizar bancos, muros, escadas, corrimões, entre outros elementos e equipamentos do meio.

Alguns movimentos do *parkour* são mais complexos para a iniciação. Logo, devemos considerar a faixa etária e o condicionamento físico dos indivíduos que o praticarão.

Importante!

É preciso atentar para alguns cuidados na maioria das movimentações do *parkour* que demanda aterrissagem. Confira os detalhes a seguir.

Devemos, primeiramente, tocar a superfície com meia ponta de pé, conforme indica a imagem a seguir.

Figura 3.1 Posição dos pés durante aterrissagem dos movimentos do *parkour*

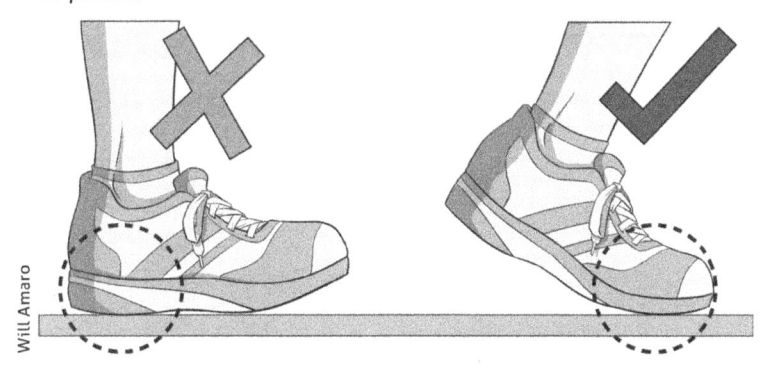

Fonte: Parkour Pasos Básicos, 2014.

Além disso, não devemos ultrapassar o ângulo de 90 graus dos joelhos, conforme demonstra a Figura 3.2.

Figura 3.2 Posição dos joelhos durante aterrissagem dos movimentos do *parkour*

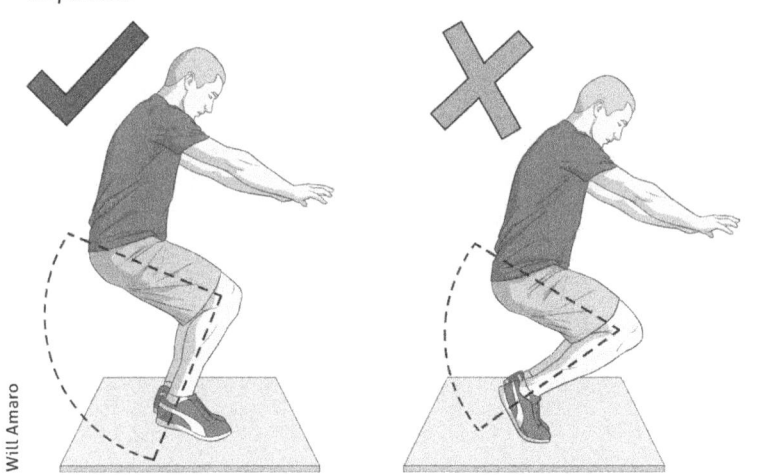

Fonte: Parkour Pasos Básicos, 2014.

Descreveremos a seguir, no Quadro 3.1, alguns movimentos básicos – seus objetivos e a maneira de executá-los. Os nomes técnicos dos movimentos variam em função de cada país[5].

Quadro 3.1 Descrição dos movimentos do *parkour* – objetivos e forma de execução

Tipo de movimento	Nome do movimento
Saltos	Salto de precisão, ou *precision* **Objetivo**: Saltar de uma superfície para outra. **Execução**: Os braços auxiliam na impulsão do corpo. A intenção dos joelhos durante o salto é tocar nos peitos. E, para aterrissar com equilíbrio, usa-se pés em meia ponta e joelhos semiflexionados. Essa forma de aterrissagem no *parkour* é crucial para todos os movimentos, pois suaviza o impacto. Em alguns casos, sugere-se saltar com os pés juntos (por exemplo, em saltos para barras).

(continua)

---

[5] No Brasil, a maioria dos movimentos é conhecida por termos traduzidos do francês para o inglês.

(Quadro 3.1 – continuação)

Tipo de movimento	Nome do movimento
Movimentos de aterrissagem	*Landing* **Objetivo**: Suavizar o impacto. **Execução**: Usado para aterrissar em situações em que o impacto seja maior (locais mais altos). Assim, ao chegar ao chão com a ponta de pé e os joelhos semiflexionados (recomenda-se o ângulo de 90 graus), o corpo se desloca um pouco para frente e a pessoa apoia as mãos no chão
	Rolamento **Objetivo**: Suavizar o impacto. **Execução**: Ao atingir a superfície, o corpo rola desde o ombro até a anca do lado oposto, com o objetivo de dispersar a energia vertical em horizontal.

(Quadro 3.1 – continuação)

Tipo de movimento	Nome do movimento
Movimentos de transposição de obstáculos com alturas baixa ou média	*Lazy* **Objetivo**: Transpor obstáculos que se encontram na lateral do corpo. **Execução**: As pernas são lançadas sobre os obstáculos e o quadril aponta a direção em que se deseja ir.
	Monkey/Kong **Objetivo**: Transpor obstáculos altos ou longos. **Execução**: Com o corpo de frente para o obstáculo, as mãos se apoiam nele e as pernas passam entre os braços.

(Quadro 3.1 – continuação)

Tipo de movimento	Nome do movimento
	Speed
Movimentos de transposição de obstáculos com alturas baixa ou média	**Objetivo**: Ultrapassar os obstáculos (de altura média) de forma rápida. **Execução**: Uma mão (ou a mão e o pé) se apoia(m) no obstáculo para transpor o corpo lateralmente.
	Underbar

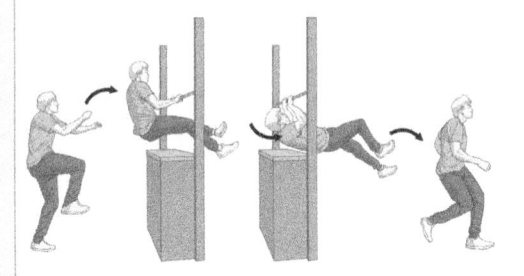

Objetivo: Ultrapassar barras.

Execução: Pode ser executado jogando os pés por primeiro e agarrando a barra depois, ou segurando a barra por primeiro e, em seguida, passando as pernas.

(Quadro 3.1 – conclusão)

Tipo de movimento	Nome do movimento
Movimentos de transposição em superfícies altas	*Wall run* **Objetivo**: Alcançar e subir superfícies altas. **Execução**: Com o corpo em movimento em uma corrida, ao se aproximar da parede, um dos pés deve tocá-la (na altura um pouco acima do nível do quadril), puxando o corpo para cima. Com os braços esticados, alcança-se o topo. Os braços devem puxar a parede para perto do peito, juntamente com as pernas, que empurram o corpo para cima.
	Cat leap e climb **Objetivo**: Alcançar, sustentar e subir em superfícies altas. **Execução**: Os pés se apoiam na parede e as mãos alcançam o topo. Dessa posição, os pés e as mãos empurram o corpo para cima ao mesmo tempo.

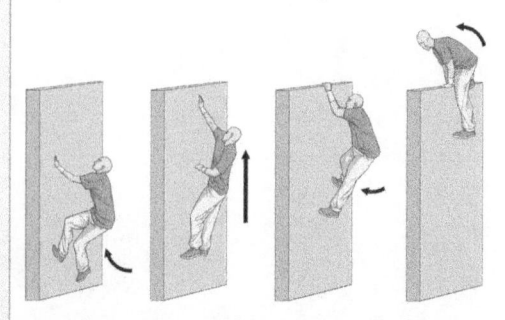

Fonte: Elaborado com base em Edwards, 2009; Pandey, 2018; Sohan, 2017.

Pense a respeito

Como agora você já conheceu os movimentos básicos do *parkour*, analise-os e pense sobre os espaços e os equipamentos do meio (parques, praças, academias, centros de treinamentos etc.) que você poderia utilizar para promover o treino de cada um deles.

No *parkour*, durante a movimentação, o praticante deve se preocupar com três regras básicas para a realização eficiente do movimento. São elas:

1. **Noção de espaço**: praticante identifica e se conscientiza do ambiente ao seu redor, tornando-se apto a calcular a força, a velocidade e a intensidade que será necessária para a realização do movimento.
2. **Estética**: consiste na "beleza" do movimento, o qual, uma vez realizado com eficiência, torna-se bonito em sua finalização.
3. **Finalização**: com o movimento bem executado e eficiente, o praticante consegue concluí-lo sem lesões nem danos ao corpo, contribuindo para a continuidade do percurso.

Vale ressaltar que as técnicas dos movimentos do *parkour* foram desenvolvidas e disseminadas pelos praticantes de forma mundial para assegurar a eficiência do movimento e a segurança do indivíduo. Porém, isso não significa que só é possível realizar o movimento por meio dessas técnicas, pois também cabe ao professor e ao treinador adaptá-las para seu público-alvo.

Além dessas técnicas e sugestões, o *parkour* exige, sobretudo, criatividade e capacidade de adaptação. Os praticantes devem se adaptar a tudo aquilo que está ao seu redor, seja nas árvores de uma floresta, seja em um conjunto de edifícios (Perriére; Belle, 2014).

As técnicas disseminadas com a modalidade funcionam, principalmente, para proteger o corpo do praticante, pois a prática do *parkour* envolve um risco de lesão evidente, tornando relevante a atenção à **gestão de risco**. De acordo com Kidder (2012), o risco é fundamental para a decisão do praticante sobre onde realizar o movimento, pois, por exemplo, existem outros lugares para os quais ele poderia saltar da mesma distância sem arriscar uma queda potencialmente prejudicial.

Importante

O *parkour* **não dispõe de equipamentos de segurança**, em contraste com a maioria das atividades de risco. Logo, o risco na modalidade deve ser gerenciado pelo próprio indivíduo, diante do autoconhecimento do próprio corpo e do condicionamento físico. Ou seja, é necessário ter consciência daquilo que seu corpo é capaz ou não de executar – **o risco no** *parkour* **é gerenciado pela prudência**. O praticante deve ser capaz de refletir sobre questões como: Saltar a partir de que altura? Quantas repetições do movimento são adequadas para não haver um desgaste muscular?

Para prevenir as lesões, o corpo precisa estar forte, isto é, o **fortalecimento muscular** é fundamental para o objetivo de praticar o *parkour* a longo prazo e corresponde ao princípio "Ser e durar". Além da própria prática dos movimentos, é crucial a realização de **exercícios físicos** (agachamento, abdominais, apoio de frente etc.) e **repetições de movimentos básicos**. Especialmente os membros inferiores precisam se fortalecer para suportar os impactos da movimentação da modalidade. Ademais, conhecer e saber executar as técnicas do *landing* e do rolamento são relevantes para absorver tais impactos.

Assim, nessa modalidade, os praticantes são instruídos a ter consciência na avaliação de risco, nas circunstâncias e nas oportunidades de movimentos. Conforme Thibault (2014), admitir que o corpo não é capaz de realizá-los em determinados momentos e identificar os próprios limites é um ato de coragem e integridade do praticante, pois a imprudência no treinamento ocasiona lesões.

Além do condicionamento físico, é necessário atentar-se para o local em que se pretende realizar o movimento. Verificar a superfície do obstáculo antes de executar a movimentação também é importante, pois ela pode ser/estar escorregadia ou frágil, o que pode ocasionar um acidente.

Agora que você compreendeu o objetivo do *parkour*, seus movimentos básicos e a gestão do risco na modalidade, a seguir iremos expor os principais aspectos que merecem atenção e devem ser seguidos para uma efetivação do treino e da movimentação de forma segura e sem lesões:

- O objetivo do *parkour* é a eficiência para se deslocar de um ponto a outro.
- Tudo pode ser transformado em obstáculo para a prática.
- A movimentação contempla diferentes técnicas para uma execução eficiente, com absorção do impacto da movimentação e prevenção de lesões. Tais técnicas podem ser adaptadas conforme o público-alvo.
- O risco no *parkour* é gerenciado pela prudência. São necessários fortalecimento muscular, repetições das movimentações básicas, consciência e avaliação do risco e atenção ao local de prática. Assim, preserva-se o corpo de lesões e, consequentemente, torna-se possível praticar o *parkour* a longo prazo.

Essas considerações são cruciais para uma prática saudável e eficiente do *parkour*. Diante disso, vamos discorrer na sequência sobre os possíveis meios de aplicabilidade dessa modalidade.

3.5 A aplicabilidade do *parkour* em diferentes contextos

Com base na apresentação do *parkour*, podemos agora, então, refletir sobre a aplicação dessa modalidade.

Como já esclarecemos anteriormente, o *parkour* é uma atividade acessível, pois:

- não exige equipamentos específicos;
- pode ser praticada em qualquer ambiente, desde que se analise suas condições, pois pode ocasionar acidentes;
- é considerada uma prática para todos.

A aplicação do *parkour*, independentemente do seu contexto de atuação, deve considerar:

- **A faixa etária e a capacidade física dos sujeitos** – para adaptar os movimentos e os obstáculos.
- **O espaço de prática** – deve-se verificar os locais/equipamentos que serão utilizados como obstáculos. Superfícies escorregadias, frágeis e rachadas devem ser evitadas.

Figura 3.3 Maneiras de praticar o *parkour*

Como atividade física	Como treinamento desportivo
Como método de treinamento/fortalecimento do corpo, aprimoramento de habilidades e manutenção da saúde e qualidade de vida.	Como método de treinamento de habilidades físicas e mentais para o contexto esportivo de rendimento.
Como prática esportiva	**Como prática de lazer/recreativa**
A partir da participação em eventos competitivos que envolvam a modalidade.	Como meio de diversão, praticado no tempo livre e para exploração do meio.

Nesses cenários, com exceção do *parkour* praticado como alto rendimento (em razão de complexidades dos treinos), é possível que o ensino e o treino dos movimentos ocorram em um processo de quatro passos.

Figura 3.4 Passos para ensino/treino de *parkour*

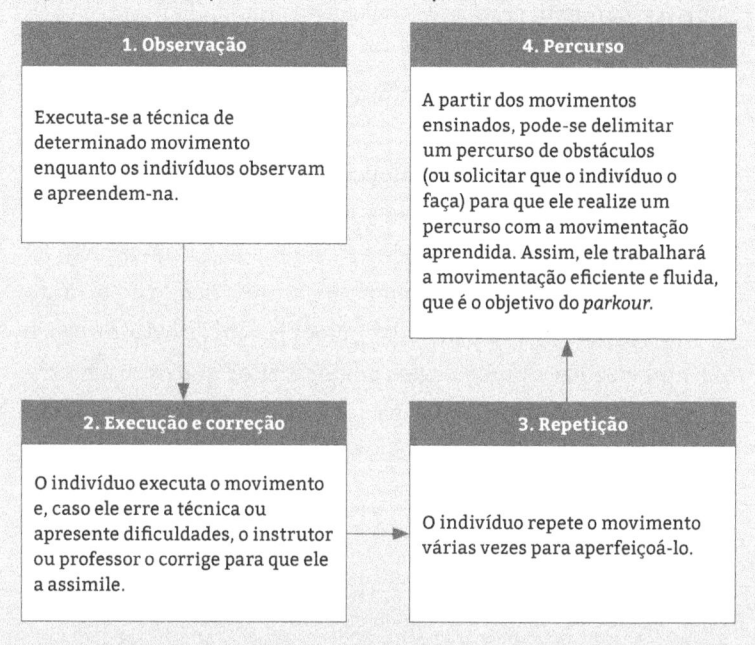

1. Observação	4. Percurso
Executa-se a técnica de determinado movimento enquanto os indivíduos observam e apreendem-na.	A partir dos movimentos ensinados, pode-se delimitar um percurso de obstáculos (ou solicitar que o indivíduo o faça) para que ele realize um percurso com a movimentação aprendida. Assim, ele trabalhará a movimentação eficiente e fluida, que é o objetivo do *parkour*.
2. Execução e correção	3. Repetição
O indivíduo executa o movimento e, caso ele erre a técnica ou apresente dificuldades, o instrutor ou professor o corrige para que ele a assimile.	O indivíduo repete o movimento várias vezes para aperfeiçoá-lo.

Com base nesses passos, os indivíduos conseguem assimilar e compreender os movimentos de forma discriminada e, posteriormente, associada (diante do percurso).

Os estudos acerca do *parkour* têm revelado que essa prática contribui para: desenvolver as habilidades motoras e físicas; ensinar a superar e a respeitar os próprios limites; trabalhar a autoconfiança, o autocontrole e a cooperatividade; estimular o trabalho em grupo e a criação de estratégias para as diversas situações-problemas (Alvez; Corsino, 2013). Ademais, ao assumir riscos, mesmo que de modo controlado, o praticante exercita seu senso de iniciativa e adaptação, características que estimulam uma postura crítica e a tomada de decisões.

Por tais qualidades, consideramos que o *parkour*, como uma metodologia de treinamento, é uma ferramenta profícua para desenvolver habilidades físicas e mentais nos espaços de atuação do bacharel em Educação Física, seja utilizando suas técnicas e movimentos (associados aos fundamentos filosóficos) para compor o treinamento desportivo, seja como atividade física em academias, ou como prática recreativa, prescrevendo-se tais movimentos com a finalidade de manutenção da saúde e da qualidade de vida.

Em decorrência de seu potencial adaptativo, o *parkour* pode ser praticado em qualquer ambiente. Compreendendo as possibilidades de movimentação dessa modalidade, torna-se possível identificar espaços e equipamentos para praticá-las. Portanto, parques, praças, academias, entre outros pontos da cidade – desde que autorizados e preservados pelos sujeitos que os utilizam –, tornam-se espaços propícios para o ensino e treino do *parkour* na área do esporte e do exercício, seja no meio recreacional, seja no meio competitivo.

Síntese

Neste capítulo apresentamos o *parkour* como uma modalidade de deslocamento e transposição de obstáculos que foi desenvolvida por um grupo de jovens franceses com base nos fundamentos do método natural de educação física de Georges Hebért. Essa prática abrange um conjunto de princípios e valores, como a não competitividade e a superação individual; ao ser disseminada no mundo, passou a apropriar-se de outras características relacionadas à institucionalização e à espetacularização. Atualmente, encontramos órgãos regulamentadores e de certificação de instrutores, academias da modalidade e eventos competitivos.

A movimentação do *parkour* geralmente é realizada durante uma "corrida" e, portanto, demanda a eficiência de deslocamento de um ponto a outro. Tal movimentação contempla diferentes técnicas para que sua execução seja eficiente, de modo a absorver o impacto das articulações e prevenir lesões. Além disso, trata-se de uma atividade acessível, por ser possível adaptá-la a diferentes espaços/meios e tipos de públicos. O treino e/ou o ensino da modalidade podem ser aplicados em diferentes campos de atuação para determinados fins, sendo possível utilizá-la como método de treinamento para atividade física e treinamento desportivo ou como atividade esportiva de lazer/recreação.

Indicações culturais

ROCHA, D. **David Belle**: fundador do *parkour* e protagonista de B13. 10 set. 2014. Disponível em: <https://www.youtube.com/watch?v=JqTdkjpOF2E>. Acesso em: 13 jan. 2020.

Indicamos essa entrevista legendada com David Belle, um dos fundadores do *parkour*.

BRASIL TRIX. Disponível em: <https://www.youtube.com/user/BrasilTrix>. Acesso em: 13 jan. 2020.

Sobre os movimentos e técnicas do *parkour*, sugerimos os conteúdos disponíveis no canal Brasil Trix.

YAMAKAS. Direção: Ariel Zeitoun; Julien Seri. França: Europa Corp., 2001. 90 min.

Para você saber mais sobre os aspectos filosóficos e estéticos do *parkour*, indicamos esse filme.

Atividades de autoavaliação

1. Com berço na França no período de 1980, o *parkour* se constituiu como uma manifestação da cultura corporal, cujo contexto de desenvolvimento favoreceu sua expansão entre os jovens franceses. Entre as demandas que caracterizavam esse contexto, assinale a alternativa **incorreta**:

a) Demanda por políticas públicas de lazer.
b) Demanda pela socialização.
c) Demanda pela segurança pública.
d) Demanda pela diversidade.
e) Demanda por projetos sociais.

2. Com base nos aspectos técnicos e filosóficos, quais são os elementos importantes na prática do *parkour*?

   I. Adaptação.
   II. Competição.
   III. Criatividade.
   IV. Eficiência.
   V. Estética.

   Agora, assinale a alternativa correta:

   a) I, II e III.
   b) I, III e IV.
   c) III, IV, V.
   d) II, IV e V.
   e) Todas as alternativas estão corretas.

3. Considerando os riscos do *parkour*, o indivíduo pode ter controle sob certos elementos presentes nessa prática (a fim de prevenir acidentes e lesões), com exceção do/a:

   a) ambiente.
   b) fortalecimento do corpo.
   c) equipamentos de segurança.
   d) consciência dos "limites" do corpo.
   e) obstáculos.

4. Quais movimentos são utilizados para absorver o impacto na modalidade?

   a) Precisão e *monkey*.
   b) *Wall run* e rolamento.
   c) *Landing* e precisão.

d) Rolamento e *landing*.
e) *Landind* e *monkey*.

5. Entre os princípios do *parkour*, assinale aquele associado à gestão de risco na modalidade.
   a) Ser eficiente.
   b) Ser e durar.
   c) Ser forte para ser útil.
   d) Não competitividade.
   e) Superação individual.

Atividades de aprendizagem

Questões para reflexão

1. Diante do que você aprendeu sobre essa modalidade, bem como sobre suas características e possibilidades, determine em quais espaços de atuação é possível inserir o *parkour*. Em seguida, defina a finalidade da prática dessa modalidade nos espaços citados.

2. O desenvolvimento do *parkour* está associado a um conjunto de princípios e valores. Na sua perspectiva, quais valores são importantes de acordo com os contextos de aplicabilidade da modalidade? Justifique sua resposta.

Atividade aplicada: prática

1. Após conhecer, refletir e assimilar os conteúdos abordados neste capítulo, convidamos você para a aplicação prática do que foi apresentado. A seguir, apresentamos uma atividade prática envolvendo o *parkour* que deve ser aplicada e/ou adaptada por você para treinar pliometria (saltos) e agilidade do atleta.

Plano de atividade prática

Conteúdo/modalidade: *Parkour*.

Objetivo: Aprimorar a velocidade e a capacidade reflexiva.

Público-alvo: Adolescentes – esta atividade pode ser aplicada como atividade física ou para treinamento desportivo de modalidades coletivas ou individuais que demandam essas habilidades (velocidade e reflexo). Também pode ser aplicada para diferentes públicos.

Recursos: Cronômetro ou relógio.

Espaço e obstáculos necessários – em ginásios, serão necessários plintos e uma barra de equilíbrio; em espaços públicos, serão utilizados bancos, muros e corrimões (é importante que tais obstáculos estejam próximos, em distância média de meio metro entre eles).

Procedimento metodológico:

Atividade 1. Inicialmente, os adolescentes vão explorar os obstáculos, dispostos no meio de forma separada. Para cada obstáculo devem ser apresentadas as diferentes possibilidades de movimentos para transpô-lo, reforçando as técnicas de amortecimento. Nos bancos ou plintos (montados em diferentes alturas), podem ser apresentados o *speed*, o *monkey*, o *lazy*, precisões (de um banco/plinto para outro, ou para o chão), seguidas de rolamento ou *landing*; nos muros (ou paredes altas), o *wall run*, o *cat leap*, o *climb*, precisões com rolamento ou *landing* – nessa sequência; em barras, o *underbar* ou andando em equilíbrio. Os adolescentes devem executar e repetir os diferentes movimentos.

Atividade 2. Será definido um percurso de obstáculos que devem ser transpostos na sequência designada. Os adolescentes, um atrás do outro, devem realizar o percurso com as movimentações que considerarem adequadas e seguras para sua capacidade física.

Atividade 3. Os adolescentes efetivarão outro percurso, mas deste só será definido o obstáculo de início; os demais obstáculos a serem transpostos serão verbalizados pelo treinador no decorrer da atividade. Além disso, esse percurso terá duração de 1 minuto e 30 segundos, nos quais o adolescente irá transpor os obstáculos ditados pelo treinador. Essa atividade pode ser realizada de forma individual ou em pequenos grupos de dois ou três indivíduos.

Avaliação: Será observado se o adolescente conseguiu efetivar os percursos com eficiência em relação ao tempo e ao atender os comandos do treinador, apresentando respostas reflexivas rápidas.

Capítulo 4

Skate

Giuliano Gomes de Assis Pimentel

Neste capítulo, identificaremos as relações contidas na prática do *skate* articuladas às estéticas alternativas da cultura corporal do movimento. Para tanto, iniciaremos com a história e a caracterização dessa prática, destacando sua dimensão alternativa frente às demais atividades físicas. Em seguida, apresentaremos as variantes do *skate*, especialmente as modalidades *Street*, Vertical e *Down hill*.

Após esses aspectos gerais do esporte, você já poderá aprimorar seus conhecimentos sobre a organização do *skate* como atividade alternativa na escola, no lazer ou na iniciação esportiva. Com isso, transmitiremos a você os fundamentos elementares do deslocamento sobre o *skate*: base de equilíbrio, direção, remada e freio. Por fim, concluiremos o capítulo com sugestões metodológicas para planificar o ensino do *skate*.

4.1 Contextualização histórica do *skate*

Skate, no Brasil, é tanto o nome do esporte quanto do objeto utilizado nessa modalidade. Em inglês, o esporte se chama *skateboard*: *skate* significa "patinar", e *board*, "prancha". Logo, a descrição dessa prática é patinar (deslizar) na prancha. Assim, andar de *skate* é se deslocar pelo solo e por obstáculos, equilibrando-se numa prancha com quatro rodas.

As partes de um *skate* são: *shape* (prancha de madeira), lixa adesiva, *trucks* (eixos), rodas, rolamentos e parafusos de base. Confira os detalhes na Figura 4.1. a seguir.

Figura 4.1 Partes de uma prancha de *skate*: A (*shape*), B (*truck* com parafusos), e C (rodas com rolamentos)

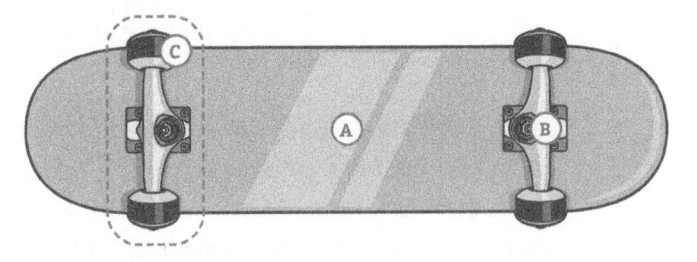

Agor2012/Shutterstock

Lembramos que essa imagem mostra a parte inferior de um *skate*. A parte superior do *shape* é coberta por uma lixa. Os rolamentos localizam-se na parte interna das rodas.

Atualmente, há diferentes modelos de *skate*, cuja diferença é facilmente observável pelo *shape*. Em geral, temos o *shape* convencional, utilizado para *street* e vertical, e o *longboard*, que é mais longo e especializado em descidas. Também há modelos especiais, como o *cruiser* (ou *cruising*) e o *skate* duas rodas.

O *truck* (eixo) é outro componente inovador. Você pode identificá-lo como a peça entre o *shape* e as rodas. Nele também se unem os rolamentos, responsáveis pela velocidade, e o amortecedor, que ameniza os impactos dados pelo skatista. Cada *skate* conta com dois *trucks*, um dianteiro e outro traseiro. Os *skates*, antes, não tinham *truck* e se deslocavam sem amortecimento e em linha reta. Com o *truck,* a dirigibilidade do *skate* e o número de manobras aumentou consideravelmente.

Outras partes do *skate* também evoluíram com base na aplicação de novos materiais. As rodas, por exemplo, eram feitas de ferro e aço até se chegar a tentativas de substituir esses materiais por plástico de cabo de panelas ou por cerâmica, mas o desgaste era muito rápido. A partir de 1972, porém, o poliuretano foi aplicado por Frank Nasworthy para produzir rodas de *skate* mais resistentes, bonitas e com maior aderência (Lauro, 2010). Desde então, o poliuretano é fabricado em diferentes graus de dureza para atender às diferentes modalidades de *skate*.

Curiosidade

Você sabia que os carrinhos de rolimã tiveram sua origem na mesma época da chegada do *skate* ao Brasil? Assim, não é coincidência que os primeiros *skates* nacionais também fossem com rodas de rolimã, quando não eram tirados de rodas de patins...

Existem diferentes formas de usar o *skate*, o que refletirá na criação de novas modalidades (conforme demonstraremos na Seção 4.2) e em variadas possibilidades de aplicação (conforme indicaremos na Seção 4.3). Antes, porém, convidamos você a entender como o *skate* se desenvolveu e passou por tantas adaptações históricas. Acreditamos que, dessa forma, você ampliará sua compreensão dos fundamentos históricos e socioculturais dessa atividade alternativa, de modo a poder atuar profissionalmente de forma mais consciente.

Esse conhecimento é muito importante, pois há muitos mal-entendidos e reducionismos sobre essa prática. A seguir, você perceberá que o *skate* pode assumir, por vezes, características até mesmo antagônicas. Afinal, ninguém é neutro quando se trata de *skate*. Todos têm uma opinião. Qual é a sua? Veja se ela se inclui entre as mais comuns:

- Satisfaz uma sensação de rebeldia e de contestação do conservadorismo.
- O estigma do skatista é o preconceito da sociedade, que o marginaliza como ocioso.
- Atualmente, o *skate* é uma alternativa para se locomover e se divertir ao mesmo tempo.
- Tem relação com a juventude. Quem o pratica geralmente tem espírito jovem.
- É um esporte radical, pois suas manobras envolvem riscos.

Como visões tão diferentes podem existir ao mesmo tempo? Elas existem porque o *skate* foi mudando ao longo de sua existência, chegando a diferentes sentidos, tecnologias, usos e modalidades. Um exemplo é que, hoje, há bacharéis em Educação Física que fazem a preparação física de profissionais de *skate*.

Há algumas versões sobre sua provável origem. Certamente você já viu na mídia que o *skate* surgiu na Califórnia, nos anos 1950, e se chamava *sidewalk surf*. Nessa versão, os surfistas queriam treinar movimentos da modalidade em terra firme, especialmente nos dias em que as ondas estavam violentas e ofereciam muito perigo. Outra versão muito comum é que alguns surfistas começaram a usar piscinas vazias, em formato de bacia, para a realização de manobras verticais e horizontais. Porém, também há relatos históricos de que crianças de Nova York, muito tempo antes, já teriam criado a primeira versão do *skate* com base no *scooter*, um tipo de patinete (Lauro, 2010).

Considerando que cada uma dessas três versões é verdadeira, o que há em comum entre elas? A primeira coisa é que o berço dessa prática foram os Estados Unidos, o que certamente contribuiu para uma mais rápida disseminação do esporte pelo mundo. A segunda é que o *skate* surgiu como um brinquedo, uma forma de diversão, sem planejamento, a exemplo da maior parte das atividades físicas convencionais. Por fim, há a identidade jovem fortemente ligada ao fato de que o *skate* foi criado e sistematizado por adolescentes em um momento histórico de contestação dos valores tradicionais.

E no Brasil, como foi a chegada do *skate*? Segundo pesquisas históricas de Leonardo Brandão (2011), o primeiro *skate* foi trazido ao Rio de Janeiro pelo filho de um embaixador norte-americano, nos anos 1960. Nesse mesmo período, o uso do *skate* por surfistas americanos era algo comum e, assim, as revistas especializadas em surfe traziam reportagens sobre a atividade, as quais motivaram leitores brasileiros a adaptar e a criar as próprias pranchas de surfinho, nome dado à prática do *skate* naquela época. Em razão da influência do surfe, muitos praticavam descalços e as principais manobras eram deslizar em declives (asfalto ou calçada), com pequenas acrobacias sobre o *shape*.

Preste atenção!

Em 1976, em Nova Iguaçu – RJ, foi inaugurada a primeira pista de *skate* ("skatódromo") da América Latina. Nos maiores centros urbanos do país, o *skate* também teve seu início graças à vontade de praticar surfe no asfalto. Gradativamente, o *skate* foi se tornando frequente no cenário juvenil urbano nacional.

Com a adoção da modalidade por diferentes camadas da população, o *skate* foi assimilando outras influências culturais e, assim, ganhando características contestadoras. Não é por acaso que, ao longo de sua história, o *skate* já foi perseguido, pois era associado à vagabundagem, ao consumo de drogas, ao vandalismo, a acidentes e ao radicalismo. Em São Paulo, por exemplo, a prática foi proibida em 1975 e novamente em 1988. Em um primeiro momento, por causa da baixa qualidade dos *skates* e da ousadia dos jovens, resultando em ferimentos graves quando desciam ladeiras. Posteriormente, o *skate* passou por uma influência cultural bastante contestadora e, assim, os praticantes adotaram o comportamento *punk*, com lemas como "*Skate* & destruição" e "*Skate* ou morte!" (Brandão, 2011).

Outra vertente do *skate* na história é a esportiva. A partir de 1963, nos Estados Unidos, e em 1974, no Brasil, torneios de *skate* começaram a acontecer, com crescente atenção da mídia. Um marco para a explosão midiática do *skate* foi a criação dos Extreme Games, com a primeira edição em Rhode Island (EUA) em 1995. Porém, antes disso, já havia uma espécie de "copa do mundo" de *skate*, o Münster Monster Mastership, na Alemanha. Na atualidade, os Jogos Olímpicos de 2020 incluíram duas modalidades de *skate*, conforme demonstraremos a seguir.

Atualmente, uma questão importante para os skatistas é conciliar a competição com as "raízes do *skate*". Por conta de seu desenvolvimento histórico, mesmo sendo um esporte, seus praticantes valorizam mais a beleza e a audácia dos movimentos do que propriamente a pontuação que eles realizam. Aliás, numa competição de *skate*, se alguém fizer uma manobra deslumbrante, é costume de até os adversários vibrarem e aplaudirem. Por isso, o *skate* é uma das atividades físicas alternativas mais importantes originadas no Ocidente. Só no Brasil, são estimados mais de 2 milhões de skatistas constantes e mais 6 milhões de praticantes ocasionais (Brasil, 2015; CBSK, 2015).

É importante destacar que, historicamente, o *skate* no Brasil já teve altos e baixos em termos de participação, com uma tendência de crescimento no número de adeptos. Em termos econômicos, também foram registradas duas quedas significativas: (1) do fim dos anos 1970 até metade dos anos 1980, quando o *skate* foi interpretado como modismo, com o bicicross (BMX) e os patins recebendo prioridade nos investimentos em atividades de aventura e (2) no início dos anos 1990, com a Era Collor, quando houve desestruturação da rede financeira e industrial que sustentava o *skate* nacional (Lauro, 2010).

Em nossa breve história do *skate*, pudemos delimitar diferentes momentos dessa prática. Tudo começou como uma invenção infanto-juvenil, adaptando-se materiais da patinação e movimentos do surfe; depois disso, a prática enfrentou crises e marginalização, até chegar às categorias de esporte olímpico e estilo de vida, em um mercado esportivo marcado por diferentes modalidades e inovações tecnológicas. Hoje podemos até mesmo pensar na inclusão do *skate* como atividade física alternativa na escola e nos Jogos Olímpicos.

Mesmo como atividade de alto rendimento, o *skate* é considerado uma atividade alternativa devido a fatores como seu diferencial estético e seu tom contestador, o que se relaciona com o fato de ser uma atividade física criada no contexto da cultura urbana juvenil. Diferentemente de esportes convencionais, como futebol, voleibol e basquetebol, a criação do *skate* remete às ruas, quando crianças, adolescentes e jovens adaptavam materiais existentes (patins e patinetes) e produziam uma nova forma de diversão.

4.2 Modalidades esportivas do *skate*

A seguir, apresentaremos as diferentes modalidades de *skate*. Conforme já mencionamos, os estudos históricos sobre o *skate* mostram que essa prática já passou por mudanças em suas influências culturais, nas relações sociais, nos ciclos econômicos, nas revoluções tecnológicas e até mesmo em termos de modalidades mais praticadas.

Considerando que o *skate* é uma atividade alternativa muito dinâmica, indicaremos suas modalidades mais importantes. Esperamos que, no fim desta seção, você já produza uma reflexão sobre qual modalidade é a mais adequada para sua realidade local.

Quadro 4.1 Síntese da modalidade *skate street*

Diferencial da modalidade	Realização de manobras em obstáculos urbanos, a exemplo de corrimões, bancos, escadas e canteiros.
Características socioculturais	Associada ao estilo de vida urbano. É a modalidade com maior número de praticantes no Brasil e no mundo.
Manobras mais comuns	*Ollie*, *flip*, *varial* e *grinds*.
Ícones nacionais	Letícia Bufoni, Pâmela Rosam, Luan Oliveira e Kelvin Hoefler.

O *street* está relacionado a algumas modalidades, sendo comum confundi-lo com outros estilos, pois todos são bem próximos. O *street* é derivado do *freestyle*, que consiste em realizar manobras criativas em lugares planos. Também, nesse sentido, alguém pode utilizar um modelo *cruiser* para surfar no asfalto enquanto se desloca pela cidade.

O *street* também pode ser praticado em locais conhecidos, como *banks* e pistas em formato de bacia, e com obstáculos de até 2,5 metros. Aos poucos, *banks* virou uma modalidade própria. A partir daí, foram criados locais conhecidos como *skate parks*. Esses locais passaram a combinar obstáculos de diferentes modalidades (*bowl*, vertical, *street*), o que favoreceu a multiplicação de competições de alto rendimento nesse tipo de pista. Em consequência, o *park* também acabou por se tornar uma modalidade própria e incluída, além do *street*, nos Jogos Olímpicos de Tóquio (2020).

Quadro 4.2 Síntese da modalidade *skate* vertical

Diferencial da modalidade	Realização de manobras em pistas no formato *half pipe*.
Características socioculturais	É atração nos X-Games, competição de "esportes radicais" organizada e transmitida pela emissora ESPN.
Manobras mais comuns	*Ollie*, 360°, *backflip* e *frontflips*.
Ícones nacionais	Sandro Dias, Bob Burnquist, Rony Gomes e Marcelo Bastos.

Na modalidade vertical também podemos identificar modalidades associadas, a exemplo do *mini ramp*, do *bowl* e da mega rampa. A mega rampa se inicia com uma descida (27 metros) em alta velocidade até o skatista perfazer um voo de 20 metros para aterrissar em outra rampa de 9 metros, no formato de um quarto de circunferência (*quarter-pipe*). O competidor, tanto no vão entre as rampas quanto na rampa de chegada, realiza suas acrobacias. Já o *bowl* é a versão aprimorada das piscinas ovaladas vazias que deram origem aos primeiros skatistas verticais. Por fim, o *mini ramp* é a modalidade com rampa mais baixa, facilitando a realização de manobras básicas e de transição entre o vertical e o horizontal, a exemplo do *drop* e do *fakie*.

Quadro 4.3 Síntese da modalidade *skate downhill*

Diferencial da modalidade	Envolve a descida de ladeiras sobre *longboards* (*shapes* mais compridos).
Características socioculturais	Por envolver um custo e um risco maiores que o *street*, o perfil do praticante é o de pessoas mais velhas e com mais recursos. É aquela que mais contrata *personal trainers*.
Manobras mais comuns	No *speed*, o que é característico é a posição de descida (americana, europeia ou brasileira), pois, devido à alta velocidade, são feitos somente movimentos de direção e freio. Já no *slide*, destacam-se as derrapagens e as curvas.
Ícones nacionais	Douglas Silva (Da Lua) e Carlos Paixão (Guto Negão).

Além das modalidades *slide* e *speed* no *downhill*, também é comum que, no *slalom*, sejam utilizadas ruas em declive para alcançar velocidade e desviar – em zigue-zague – dos cones perfilados no caminho. O *caveboarding* também desce ladeiras, mas utilizando um tipo diferente de *skate*, cujas rodas são de pneus. O *mountainboard* parece com o *cave*, mas é realizado com os pés afivelados ao *shape* e a descida ocorre em uma pista feita de terra, com a inclusão de algumas manobras verticais e salto sobre obstáculos durante o trajeto.

Agora que você teve acesso às principais modalidades do *skate*, vamos destacar na Figura 4.2 alguns modelos de *shape* que exemplificam como a diversidade tecnológica tem ajudado na especialização das modalidades de *skate*. Observe as diferenças.

Figura 4.2 Formatos de *shape* e rodas no *skate*

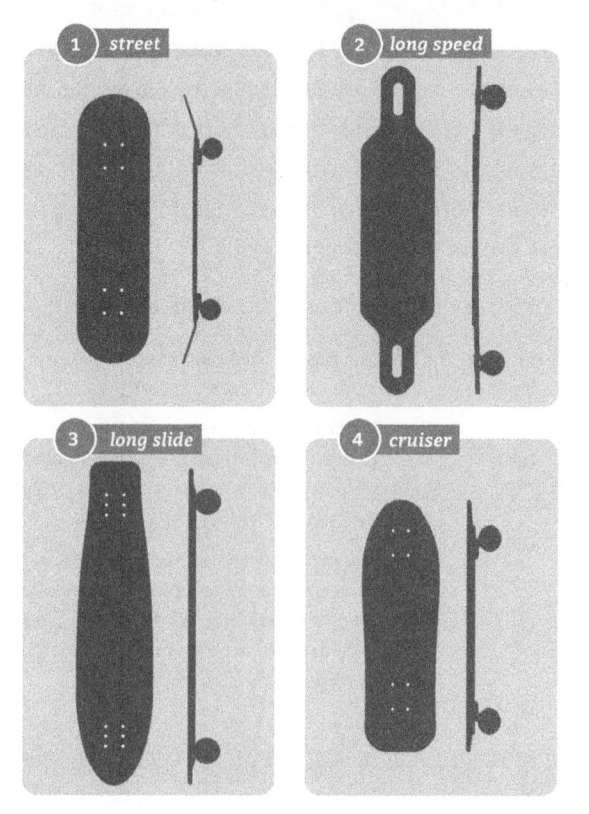

1. street
2. long speed
3. long slide
4. cruiser

aliaksei kruhlenia/Shutterstock

Embora você consiga andar numa rua ou dar aula com qualquer um desses modelos, cada desenho foi projetado para o rendimento em determinada situação. O primeiro deles, à esquerda, foi desenvolvido para a modalidade *street*, ou seja, permite manobras em obstáculos e o deslocamento pela rua. O segundo modelo, com extremidades mais finas, tem *trucks* mais duros e um *shape* reto, o que cria condições de estabilidade para se descer ladeiras em alta velocidade na modalidade *downhill speed*.

Já o *longboard*, modelo *downhill slide*, é usado para "surfar" nas descidas e, por isso, apresenta *trucks* mais flexíveis. Por fim, o quarto modelo é o *cruiser*, recomendado para quem não deseja realizar manobras, mas quer o *skate* como forma cotidiana de se movimentar pela cidade (Pereira, 2015).

Há muitos outros modelos de *shape*, como os das modalidades verticais, que são mais largos que os modelos *street*. Você poderá saber mais sobre os modelos visitando uma loja virtual, por exemplo, uma vez que as novas tecnologias são apresentadas no mercado com regularidade.

Cada modalidade, como já mencionamos, está intimamente caracterizada pelas especificidades do *shape*, das rodas e do *truck*, bem como pelo tipo de movimento mais comum e pelo lugar onde é praticada, incluindo os obstáculos. Você pode conferir mais detalhes na Figura 4.3, a seguir.

Figura 4.3 O tipo de estrutura muda conforme a modalidade (vertical e *street*, por exemplo)

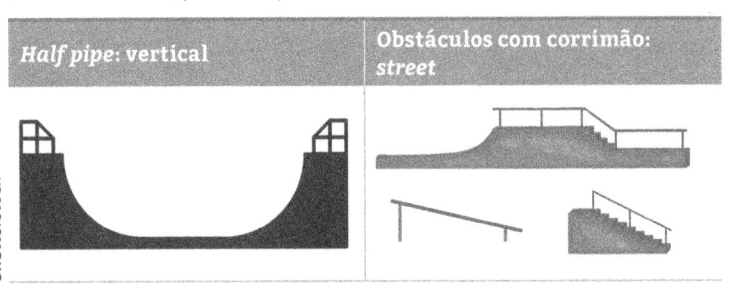

Half pipe: vertical	Obstáculos com corrimão: street

Piter Kidanchuk e Hanaha/Shutterstock

O Quadro 4.4, a seguir, chama atenção para essas variações. Além disso, ele também destaca como podemos diversificar a experiência do *skate* conforme o material, os movimentos e o lugar de prática.

Quadro 4.4 Classificação das modalidades de *skate* conforme *shape*, movimento e ambiente

Tipologia motriz do *skate*	Subtipo	Modalidades que se enquadram
Conforme o modelo de *shape* empregado para a prática	Convencional	*Street*, vertical e *freestyle*.
	Longboard	*Downhill slide* e *downhill speed*.
	Especial	*Cruiser* e *minicruiser*, entre outros.
De acordo com o tipo de movimento predominante na modalidade	Deslize	*Cruising*, *downhill* e *slalon*.
	Transposição	*Street*, *mini-ramp*, *mountainboard*, *banks* e *park*.
	Acrobático	Vertical, mega rampa, *bowl* e *freestyle*.
Conforme o ambiente em que cada modalidade de *skate* é predominantemente praticada	Solo plano	*Street*, *freestyle*, *slalon* e *cruising*.
	Ladeiras	*Downhill* (*slide* e *speed*) e *caveboard*.
	Construções específicas	Vertical, *bowl*, *mountainboard*, *park*, *mini ramp* e *banks*.

Na primeira categorização desse quadro, destacamos somente o tamanho do *shape*, mas se trata de um conjunto que envolve o *truck* e as rodas também. Por exemplo, o modelo mais apropriado ao *street* deve ter *shape* mais fino e *trucks* baixos. As rodas pequenas permitem maior aceleração. Já no vertical, por ter o *shape* mais largo, os *trucks* são mais altos e as rodas são maiores. O *cruiser*, por sua vez, é um modelo especial para meio de transporte, o qual recebe *shape* mais ovalado, com *trucks* e extremidades do *shape* mais curtas que no *street*. Por outro lado, as rodas são maiores para uma velocidade final maior em longas distâncias.

Quanto aos aspectos motores, selecionamos três categorias de movimento muito evidentes nas modalidades de *skate*. O deslize está relacionado à possibilidade de mover o *skate* na maior velocidade possível e chegar ao objetivo. A acrobacia enfatiza o aspecto estético e o grau de risco presentes naquele movimento. Os movimentos de transposição combinam a necessidade de eficácia em superar o obstáculo para se chegar a outro lugar com a beleza e a complexidade com que esse movimento é produzido. Ao assistir a um vídeo de cada modalidade, você será capaz de perceber que praticamente todas as modalidades envolvem movimentos de deslizamento sobre a superfície, transposição de obstáculos e acrobacias (aéreas ou de solo). É por esse motivo que indicamos que se observe qual tipo de movimento predomina em cada modalidade.

Pense a respeito

Concluindo essa temática, pense e responda às seguintes questões: (1) Que modalidade você aplicaria no contraturno de uma escola? (2) Considerando as características de seu município, quais modalidades são as mais adequadas à sua realidade para um torneio? Veja que as respostas da primeira questão podem diferir com relação à segunda. Um profissional de Educação Física fará a seleção da modalidade mais viável, conforme a análise dos aspectos motores, o acesso a equipamentos e as características socioculturais e ambientais.

Caso você resida em uma área com declives bem asfaltados, responderá que as modalidades *downhill* (*slide* e *speed*) são apropriadas para trabalhar o risco e o rendimento. Todavia, como já indicamos, a exigência de proteção e a complexidade do risco nessas modalidades não tornaria as práticas mais recomendáveis à educação infantil. Por isso, na escola, se o objetivo é introduzir uma atividade alternativa para seus alunos e alunas experimentarem o diferencial estético do *skate*, a opção pelo *cruising*, associada ao *street* na maioria dos casos será a mais adequada à realidade da criança.

Focando nessas duas modalidades, você poderá, no mínimo, transmitir os fundamentos motores do deslocamento sobre o *skate* (base, remada, direção, freio) e proporcionar o conhecimento de um meio alternativo e não poluente de transporte, além de trabalhar a gestão de riscos calculados, sendo o *skate* uma atividade de aventura.

O *skate* pode ser um mercado de trabalho para você? Para pensarmos juntos na resposta, vamos ao próximo tema, com uma visão panorâmica sobre as diferentes possibilidades de atuação profissional com *skate*.

4.3 Possibilidades de aplicação do *skate*

Com a leitura até este ponto, você já é capaz de identificar as características do *skate* como atividade física alternativa e reconhecer as modalidades principais. Tendo em vista essa fundamentação, vamos nos organizar para pensar em meios de aplicabilidade do *skate* na educação física, tendo como eixos os elementos associados às atividades alternativas: risco, reflexividade, relaxamento, saúde e *performance*.

Esses eixos foram trabalhados no Capítulo 1. Vamos recordá-los?

Quadro 4.5 Cinco enfoques da intervenção profissional com atividades alternativas

Risco	Sensação de enfrentar uma situação incerta, de forma calculada.
Reflexividade	Capacidade da pessoa de se relacionar consigo mesma com autocontrole.
Relaxamento	Suavização das tensões que causam fadiga periférica e central.
Saúde	Controle e prevenção das doenças aliado ao bem-estar (*wellness*).
Performance	Obtenção de resultados superiores, em nível de excelência.

Você conseguiria imaginar quais desses eixos estão mais presentes na intervenção profissional da educação física com o *skate*? Pense sobre isso. Sabemos que o *skate* pode ser associado a um estilo de vida ativo, auxiliando no condicionamento físico voltado à saúde. O fato de atrair a juventude é um diferencial. Nesse sentido, essa atividade envolve **riscos calculados**, nos diferentes desafios, nas manobras e acrobacias em ruas, *banks*, *parks* e pistas. A profissionalização, como esporte de rendimento, também está presente no *skate*, conforme podemos ver na mídia e na necessidade de treinamento funcional apropriado para cada uma das modalidades.

O **relaxamento** também é um fator muito citado pelos skatistas, pois a aventura, efetivamente, é uma das formas de "descontrole controlado" das tensões cotidianas. Com relação à **reflexividade**, dadas as características "radicais" da prática, pouco se explora ainda, à exceção da modalidade *downhill speed*, considerada pelos praticantes como uma "meditação em alta velocidade". Isso ocorre porque eles adotam uma postura única e devem usar técnicas respiratórias e de concentração para manter o foco na experiência.

Como já ressaltamos, o *skate* pode ser orientado para várias finalidades, embora você provavelmente já tenha percebido, em diferentes exemplos, que ele é mais favorável a determinadas experiências. Porém, na atuação profissional, é a sua visão de mundo e de sociedade que determinará qual desses enfoques seguir. Lauro (2010) considera que o *skate* tem diferentes lados e que é importante respeitar todos, pois uma das vantagens do *skate* como atividade física alternativa é a liberdade para cada pessoa criar uma identidade própria para ele.

Preste atenção!

No Brasil, as principais referências acadêmicas sobre *skate* são: Dimitri Wuo Pereira, na questão pedagógica; Flávio Ascânio Lauro, nos aspectos didáticos e fisiológicos; e Leonardo Brandão, na abordagem sociocultural e histórica. Pesquise e consulte as obras desses autores para saber mais sobre o assunto.

Repare que, na atualidade, podemos nos deparar com muitas modalidades de *skate* e seus diferentes usos. Tendo em vista essas diferentes possibilidades, o *skate* tem sido aplicado na Educação Física para variadas finalidades. Vejamos, inicialmente, duas de cunho **físico-esportivo** (Lauro, 2010; Pimentel et al., 2017):

- **Treinamento desportivo**: a preparação física dos skatistas deve levar em consideração a individualidade biológica, além da especificidade de cada modalidade. Em geral, ainda há carência de profissionais de Educação Física que ajudem os atletas na obtenção do rendimento. Um treino funcional, voltado às necessidades do *skate*, precisa envolver aspectos como resistência à fadiga, força de explosão dos membros inferiores, equilíbrio postural e prevenção de lesões (com fortalecimento em torno de articulações).
- **Condicionamento físico**: o *skate* é considerado um instrumento de *wellness* porque detém um aspecto motivacional

grande, podendo ser praticado em diferentes lugares, com ou sem companhia. Fisiologicamente, estima-se que a remada tenha um gasto calórico de 5 METs[1], pois há uma grande variação de frequência cardíaca, deixando o esforço físico intermitente. Podemos potencializar no *skate* o trabalho de equilíbrio, força, velocidade de reação, lateralidade e fortalecimento do tronco em situação de instabilidade.

Essas são duas possibilidades de atuação profissional. Porém, se olharmos a representatividade do *skate* no Brasil, podemos pensar em outros propósitos. Na Tabela 4.1 reproduzimos dados estatísticos obtidos sobre os praticantes de *skate* no Brasil com base em duas diferentes agências de pesquisa.

Tabela 4.1 Quantidade estimada de praticantes de *skate* no Brasil

Estimativa	De acordo com Brasil, 2015	De acordo com CBSK, 2015
Total de praticantes	2.060.000 skatistas	8.500.000 skatistas
Distribuição por gênero	64% homens	81% homens
	36% mulheres	19% mulheres
Distribuição dos praticantes de *skate* por faixa etária	De 15 a 19 anos: 33,89%	Até 10 anos: 26%
	De 20 a 24 anos: 22,03%	De 11 a 15 anos: 36%
	De 25 a 34 anos: 16,94%	De 16 a 20 anos: 21%
	De 35 a 44 anos: 27,11%	Mais de 21 anos: 17%
	A partir de 45 anos e acima: 0,03%	

Fonte: Elaborado com base em CBSK, 2015; Brasil, 2015.

---

[1] A sigla **MET** se refere ao equivalente metabólico, que é o valor correspondente à taxa metabólica basal. Logo, andar de *skate* gasta cinco vezes mais energia com relação ao estado de repouso.

Conforme podemos observar, há divergências entre os dados oficiais do Diagnóstico Nacional do Esporte – Diesporte (Brasil, 2015) e a pesquisa encomendada ao Instituto Data Folha pela Confederação Brasileira de Skate (CBSK, 2015). Na sua vida profissional, você vai se deparar com dados divergentes sobre essa questão. Por isso, é importante analisar criticamente qualquer estatística e tirar dela quais pontos são comuns e, portanto, mais possíveis de serem confiáveis. Ao fazer isso na Tabela 4.1, verificamos que os dados colocam o *skate* entre os 20 esportes mais praticados pelos brasileiros. A maior parte dos praticantes é de jovens, sendo muito raro praticantes com idade acima de 45 anos.

Um dos dados mais chamativos nesses dois estudos é a questão de gênero. Há uma nítida evolução da quantidade de praticantes entre as mulheres, uma vez que pesquisas anteriores apontavam que apenas 10% de praticantes de *skate* eram do sexo feminino. Com esses dados, interpretamos uma tendência de diminuição do preconceito. Isso demonstra a importância de o professor valorizar a participação das meninas nas aulas de *skate*, evitando a discriminação de gênero.

Outro aspecto importante é a distribuição do *skate* conforme a região do país e o nível econômico. Os resultados revelam que o *skate* está em todas as classes sociais, embora os mais pobres pratiquem pouco. A elite econômica (3% da população) representa 5% dos praticantes. Já a classe B (23% dos brasileiros) representa 39% dos skatistas, ao passo que a classe C (47% da população) representa 48% dos skatistas. O aspecto maior da desigualdade está nas classes D e E, que são 27% da população e compõem somente 7% dos skatistas (CBSK, 2015; Brasil, 2015). Portanto, além da necessidade em promover a inclusão das meninas nas aulas de *skate*, o professor de Educação Física também poderá contribuir em projetos sociais e políticas públicas que promovam a oportunidade de democratização do *skate* nas parcelas sociais menos privilegiadas do país.

Com base na discussão que realizamos sobre os dados, você poderia apontar outras possibilidades de aplicação do *skate*? Vamos destacar duas de cunho sociocultural.

- **Inclusão social**: aumentou o número de associações e de órgãos públicos que fazem uso do *skate* como forma de promoção da cidadania. Aqui vale lembrar que o próprio *skate* já foi alvo de preconceito e, assim, pessoas excluídas socialmente se identificaram com a prática. Além da dimensão fisiológica e motora, são trabalhados aspectos como motivação, novidade, superação de desafios, diversão, vertigem, cooperação, respeito às diferenças, combate ao sedentarismo e estilo de vida.
- **Educação**: aqui nos referimos tanto ao desenvolvimento das escolas de iniciação esportiva, mais ligadas ao lazer ou à formação de atletas profissionais, quanto ao ensino do *skate* como um conteúdo alternativo da Educação Física escolar.

Sobre as formas de introduzir o *skate* no colégio, sugerimos duas. A primeira se chama **Praticar para conhecer**. São ações nas quais os alunos vivenciam a modalidade apenas para saber que ela existe. Pode acontecer em um "Dia do *skate*", com apresentações e/ou experimentação de duas modalidades (*street* e *cruising*) no colégio. Essa abordagem permite proporcionar o conhecimento de um meio alternativo e não poluente de transporte, além de poder trabalhar a gestão de riscos calculados, sendo o *skate* um esporte de aventura. Outras estratégias ainda nesse modelo consistem em inserir o *skate* como parte de uma aula com diferentes exercícios de equilíbrio (estático, dinâmica, de recuperação), ou realizar um circuito ou festival de atividades alternativas na escola, integrando o *skate* na programação desse dia especial.

A segunda forma de levarmos o *skate* à escola se chama **Conhecer para praticar**. Nela, o aluno realmente terá acesso sistematizado ao *skate* como um dos conteúdos regulares das aulas de Educação Física. Isso pressupõe a construção de uma unidade de ensino com progressão de conhecimentos sobre o *skate*.

Importante!

A Educação Física deve explorar a riqueza de possibilidades do *skate*: como meio de transporte, educação, diversão, competição, inclusão social e condicionamento físico.

No caso de escolas em tempo integral, o *skate* também poderá ser uma oficina entre as opções ofertadas aos alunos. Para tanto, você poderá se aprofundar nos fundamentos técnicos do *skate* e nos procedimentos de ensino, que serão descritos a seguir.

4.4 Fundamentos técnicos do *skate*

Discutiremos a seguir os fundamentos elementares do deslocamento sobre o *skate*. Conforme já observamos, há formas diferentes de iniciação a essa prática. Independentemente de qual for sua decisão, o importante é traçar um objetivo exequível, ou seja, que você consiga cumprir no tempo planejado. Nesse sentido, destacamos os **primeiros fundamentos técnicos** do *skate*: base de equilíbrio, direção, remada e freio.

O **domínio** desses fundamentos garante a competência para planificar aulas básicas e ensinar as pessoas a se deslocarem sobre o *skate*.

Os fundamentos iniciais do processo de aprendizagem são:

- **Remada**: movimento de impulsão do *skate* por meio de um pé empurrando o solo.
- **Base da remada**: posição dos pés adotada no momento da remada.
- **Base de equilíbrio**: posição dos pés sobre o *shape*, inclusive durante as manobras.
- **Direção**: controle fino dos pés sobre o *shape*, para orientar o *skate* em uma direção.
- **Freio**: forma de interromper o deslocamento ou de diminuir sua velocidade.

No meio skatista, chama-se *goofy* a base de equilíbrio com a pessoa virada à esquerda. *Regular* é a base à direita. No momento da remada, o pé que ficará sobre o *shape* gira 90° apontando para frente, enquanto o outro fará a remada. Na linguagem do *skate*, é chamado de *mongo* o praticante que pisa na parte posterior do *shape*, chamada de *tail* (a parte da frente é *nose*).

Para um melhor entendimento, observe a Figura 4.4.

Figura 4.4 Base de equilíbrio e base de remada

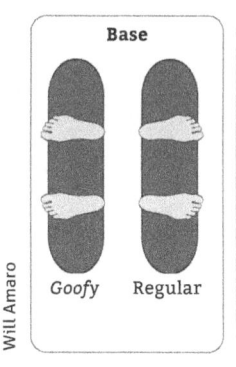

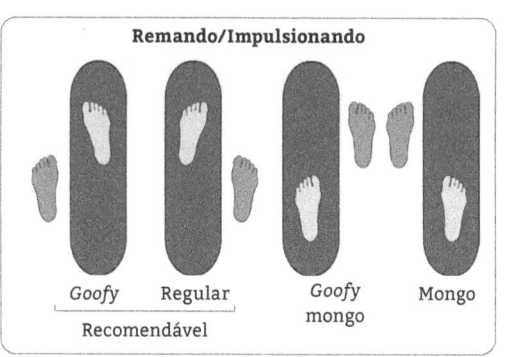

Base		Remando/Impulsionando			
Goofy	Regular	Goofy	Regular	Goofy mongo	Mongo
		Recomendável			

Com base em pesquisas realizadas pelos autores deste livro (Pimentel et al., 2017), observou-se que, em crianças de até dez anos de idade, o professor não precisa ensinar a técnica mais eficiente para a base de remada. De maneira surpreendente, as crianças que remavam com o pé equilibrado no *tail* obtiveram resultados melhores do que aquelas que adotaram a base recomendada (pisada no *nose*). Isso se justifica possivelmente porque elas visualizam o *shape*, o que aumenta sua sensação de equilíbrio e segurança. Após um ano, a maior parte transferiu para a base regular de remada, pois já sabia se deslocar e agora buscava formas mais eficientes.

A direção, ou seja, a orientação do *skate* pelo controle do pé ocorre em dois momentos. Na primeira fase, um dos pés está alternando a fase aérea com contato com o solo enquanto o outro tenta manter o *skate* em aceleração no rumo certo. Por exigir pequenos grupos musculares em comparação ao movimento de remada, a correção (*feedback*) da direção nessa fase depende de estratégias didáticas mais sofisticadas, fazendo o aluno se perceber melhor como corpo em movimento. Nesse sentido, exercícios de propriocepção podem ajudar alunos com mais dificuldade. Outro desafio é a combinação de direção, que é feita geralmente pelo pé do membro inferior não dominante com o fundamento da remada, o qual movimenta todas as articulações do membro inferior dominante.

Propriocepção é como se chama nossa capacidade de sentir (sem precisar olhar) a localização do corpo, a postura e a ação exercida por cada articulação e músculo.

Na segunda fase, o pé de remada está posicionado sobre o *shape*, facilitando a direção em ângulos mais abertos. Pereira (2015) cita o movimento de batida, importante para desviar o *skate* de sua trajetória. Para realizar essa técnica de direcionamento, a perna sobre a parte posterior (*tail*) exerce mais pressão para aliviar o peso na frente (*nose*), à semelhança de uma alavanca. A pessoa realiza, então, a rotação corporal para o lado que deseja virar, podendo, com isso, potencializar a força exercida com o movimento de alternância de batida (zigue-zague).

Em razão dessa complexidade, a orientação da direção do *skate* é geralmente a habilidade que demanda mais tempo de prática até se chegar a um nível proficiente de movimento. Entre outros fatores, com o *skate* mal ajustado, exige-se do pé um controle motor mais fino nas articulações metatarsofalângicas, complementado pela musculatura das articulações interfalângicas. Enquanto o pé é preponderante em orientar o *skate*, a articulação coxo-femural tem papel decisivo no deslocamento pela remada.

Destacamos que sempre vale lembrar que o ensino de *skate* para iniciantes requer a combinação dos fundamentos com a gestão dos riscos. A gestão de riscos na aventura, em geral, é uma forma de identificar os perigos (causa) e determinar a probabilidade (riscos) de algo acontecer e sua gravidade. Após esse mapeamento, é possível hierarquizar os riscos que merecem mais atenção e determinar como será a prevenção ou o socorro para cada situação (Auricchio, 2016).

> A gestão de riscos na aventura, em geral, é uma forma de identificar os perigos (causa) e determinar a probabilidade (riscos) de algo acontecer e sua gravidade.

Além dos cuidados gerais necessários a qualquer atividade física, destacamos três regras que combinam o ensino eficiente com a gestão de riscos na hora de ensinar *skate* a alunos novatos na modalidade:

1. iniciar a aprendizagem pela menor distância do corpo até o chão;
2. manter o corpo equilibrado com projeção à frente;
3. ensinar a gestão de riscos ativa e praticar a passiva.

Adotando essas três regras, você aumentará a eficácia do ensino e reduzirá a probabilidade de acidentes. Vejamos os motivos:

- Muitas pessoas tentam aprender sozinhas a andar de *skate*. Sem a orientação necessária, elas tentam já ficar em pé sobre o *shape* e remar. Porém, como diz o ditado: "Quanto mais alto, maior a queda". Essa afirmação é verdadeira em relação ao aprendizado do *skate*. Por isso, as aulas devem começar com o aprendiz deitado, sentado, em três apoios e em pé, depois, só com apoio. Começar da menor distância do corpo ao chão garante que o centro de gravidade fique menos instável, proporcionando mais equilíbrio e, consequentemente, mais experiências de sucesso no primeiro contato. Além disso, em caso de queda, os riscos de dano serão reduzidos.

- Nós somos dotados de movimentos inatos de autodefesa. Porém, o excesso desse automatismo pode causar acidentes. No *skate*, o equilíbrio é fundamental, mas o aprendiz costuma reagir sem pensar, jogando o corpo para trás quando sente medo. Isso resulta em queda de costas, dificultando o controle e potencializando lesões. Assim, no ensino do *skate* é importante conscientizar o aprendiz sobre a importância do equilíbrio e ensiná-lo projetar o corpo à frente em situações de risco.

- A parte passiva da gestão dos riscos é quando o professor realiza as ações preventivas, como checar os equipamentos e manter o solo seco e limpo. A parte ativa é quando o aluno aprende a administrar os próprios riscos. Por exemplo, estudos epidemiológicos sobre lesões em skatistas alertam que a fratura mais comum é na ulna (Gouveia; Duarte; Navarro, 2008). Isso ocorre porque, no momento de uma queda, o praticante usa a mão para se proteger. Em um método ativo de gestão de riscos, o aluno aprenderá a evitar as quedas e, quando for inevitável, formas mais eficientes de cair para não se lesionar.

Essas são as regras essenciais para o ensino seguro na fase inicial, e foram feitas para quem não tem experiência com *skate*. Em alunos intermediários e avançados, essas regras perdem sentido. Um exemplo é o freio com movimento de *slide*, situação na qual o praticante flexiona os joelhos, gira o *skate* em 90° com inclinação do tronco para trás e usa as duas mãos em apoio (Pereira; Armbrust, 2010). Nesse caso, o skatista pode evitar um choque ou evitar perder o controle do *skate*, em um movimento de freio que o coloca em segurança sentado no chão.

4.5 Planificação do processo de ensino-aprendizagem do *skate*

Agora que você conhece os fundamentos motores do deslocamento sobre o *skate* (base, remada, direção, freio), além de algumas manobras, e tem uma noção sobre gestão de riscos no *skate*, chegou o momento de adquirir uma rotina de ensino do *skate*. Há excelentes propostas pedagógicas para isso, todas já testadas por professores de Educação Física (Pereira; Armbrust, 2010; Franco; Cavasini; Darido, 2014; Pereira, 2015). A proposta de ensino de *skate* a que você terá acesso nesta obra foi desenvolvida pelo Grupo de Estudos do Lazer (GEL) da Universidade Estadual de Maringá (UEM), além de constar no projeto **Escola de Aventuras**.

Nessa proposta, o *skate* é considerado uma atividade física alternativa que pode e deve ser acrescentada ao cotidiano de pessoas de diferentes faixas etárias. O objetivo é emancipar o aluno para praticar o *skate* como forma de lazer e/ou meio de transporte. Com a autonomia adquirida, ele também poderá buscar o aprendizado de manobras, em um processo de contínuo aperfeiçoamento. Para tanto, a fim de garantir que 100% de seus estudantes aprendam essa modalidade, a ênfase deve estar nos fundamentos iniciais, de modo que, no mínimo, todos subam sobre o *shape*, remem até onde querem ir e consigam frear o *skate* em segurança.

Nesse caso, não precisa haver purismo em só privilegiar uma modalidade. Na proposta da Escola de Aventuras, os estilos *cruising* e *street* são os predominantes. Você poderá utilizar qualquer modelo para ensinar, mas sempre teste os materiais para verificar se não oferecem perigo ao praticante.

Pois bem, passemos às partes essenciais do método. A primeira coisa que você deve incorporar ao seu acervo é a **gestão de riscos**. Lembre-se das regras elementares: iniciar a aprendizagem pela menor distância do corpo até o chão; ensinar o aluno a manter o corpo equilibrado com projeção à frente; ensinar a gestão de riscos ativa e praticar a passiva.

Feito esse lembrete, esclarecemos na sequência como podemos aplicar os princípios de gestão de riscos ao ensino de *skate* (Pimentel et al., 2017; Pereira, Armbrust, 2010):

- **Equipamento de proteção**: o ideal é o uso de capacete e de proteção para punho, cotovelo e joelho, além de tênis. Em aulas para iniciantes, a velocidade do *skate* deve ser baixa; assim, o professor pode avaliar a necessidade de materiais de segurança ou, ainda, realizar uma oficina para sua confecção. Nesse caso, a efetividade é pequena, mas serve como educação para uma gestão ativa dos riscos.
- **Piso limpo e seco**: a presença de pedrinhas e galhos acarretará em travamento da rodinha, aumentando o risco de quedas; já o piso molhado causará derrapagens. Em termos práticos, para alunos iniciantes, nunca se deve dar aula com o piso sujo, molhado ou com poças d'água.
- **Velocidade lenta**: subir no *skate* já é vertigem suficiente a quem está aprendendo. Uma velocidade menor permite que o corpo se adapte às situações e tenha tempo de reação,

além de diminuir os danos em qualquer queda. Uma dica é estabelecer um tempo mínimo de percurso entre a saída e a chegada da tarefa.

- **Menor queda**: ao introduzir uma tarefa nova, você poderá solicitar que o aluno inseguro a realize primeiramente numa posição com o centro de gravidade mais baixo (quatro apoios ou agachado). Nessas posições você também poderá realizar exercícios em que o aluno simule quedas controladas e rolamentos.
- **Tronco à frente**: incentive o estudante a projetar seu corpo à frente, com exercícios como aviãozinho e salto à frente, com travamento do *skate* (apresentaremos esses exercícios a seguir).
- **Evitar usar a mão**: na insegurança, os discentes tentam parar o *skate* colocando a mão no chão. Incentive-os, desde a primeira aula, a usar a sola do calçado no freio.
- **Gestão ativa dos riscos**: desenvolva a autonomia de seus aprendizes, para que sejam capazes de incorporar os procedimentos para aumentar a segurança na prática do *skate*.

Importante!

Na planificação de uma aula de *skate*, você deverá combinar a **gestão de riscos** com a **vivência lúdica** dos fundamentos essenciais (base, direção, freio e remada).

Agora que a gestão de riscos é algo familiar ao seu conhecimento, vamos indicar os principais exercícios para o desenvolvimento da **base de equilíbrio**. Combinados aos outros fundamentos, eles geralmente ocorrem na sequência descrita a seguir.

Quadro 4.6 Sequência pedagógica para domínio das bases no *skate*

1. Deitado em decúbito ventral.	5. Aviãozinho.
2. Sentado. Variações: com pés no chão e, depois, sobre o *nose*.	6. Com base de remada, seguida de remada e base de equilíbrio.
3. Equilíbrio em quatro apoios.	7. Agachamento na base de equilíbrio.
4. Exploração das bases.	8. Criação de novos meios de equilíbrio.

Até o exercício 5 (aviãozinho), recomendamos primeiramente que o *skate* não ande. Para isso, pode-se desenhar *shapes* em giz na quadra, produzir um *shape* de papelão (sem *trucks* nem rodas), colocar o *skate* sobre a grama, ou o colega pode travar a roda com os pés enquanto sua dupla realiza o exercício.

Para o ensino da **remada**, já mencionamos que existe uma base mais eficiente (pé esquerdo pisa na frente do *shape*), mas que cada pessoa tem um estilo que melhor se adéqua à sua lateralidade no *skate*. Também ressaltamos que é recomendável iniciar a base e a remada sem o *skate* em movimento e sem estar em pé. Para tanto, apresentamos no Quadro 4.7 uma sequência pedagógica para a remada no *skate*.

Quadro 4.7 Sequência pedagógica para domínio da remada no *skate*

1. Remadas ambidestras sem *skate*: *shape*/giz/papelão.
2. Remada em quatro apoios.
3. Sequência de: 1 remada e base de equilíbrio; 1 remada, base e freio; 2 remadas, base e direção; alternância de remada; base e remada.
4. Jogos de remada entre pontos de referência. Variação de trajetos, iniciando por lineares curtos (5 m) até chegar a trilha oval com distância longa (120 m).
5. Jogos educativos de remada em precisão e/ou potência e/ou agilidade.

Nossa recomendação para ensinar a **frenagem** e a **parada** do *skate* em movimento é trabalhar a maturação de um movimento por vez, em caso de crianças e idosos. Com o público adolescente, é possível realizar um *workshop* fundindo a experimentação das diferentes formas de freio, inclusive com metodologias ativas (problematizadoras), nas quais o aluno tentará descobrir cada tipo de freio e a situação mais apropriada. Em termos de grau de complexidade, sugerimos que a experimentação e o aprendizado do ato de parar o *skate* ocorra nos passos descritos no Quadro 4.8, a seguir.

Quadro 4.8 Possibilidades didáticas para ensino do freio no *skate*

1. Freio após remada em três apoios.	4. Exploração dos tipos de freio.
2. Freio em pé com segurança.	5. Freio em situação de declive.
3. Vídeo sobre tipos de frenagem do *skate*, seguido de discussão sobre cada um deles.	6. Combinação do freio com procedimentos de gestão de riscos.

O ensino da **direção** já pode ser iniciado com os exercícios de equilíbrio, com cuidado para desenvolver a propriocepção e a lateralidade. Algumas tarefas ajudam no aprimoramento da direção.

Na primeira fase, com o pé na posição de remada, é possível, por exemplo, colocar o *nose* voltado para uma linha reta, dar impulsão e tentar manter o *skate* na trajetória linear. Para desenvolver a direção na segunda fase, com ambos os pés na base de equilíbrio, uma atividade lúdica desafiadora é o "reloginho", que consiste em fazer – primeiramente em *backside* e, depois, em *frontside* – uma circunferência de 180°, como se o *nose* fosse o ponteiro de um relógio. De forma mais avançada, podemos pedir que o aluno efetivamente marque determinado horário, com as horas desenhadas em círculo no chão.

A maior parte das estratégias, todavia, trabalhará as duas fases, as bases e a remada na mesma tarefa. Por exemplo, é o caso de passar com o *skate* entre dois cones ou colocar um objeto no chão e solicitar que o aluno se direcione para passar em frente ao alvo, agachar-se e pegar o objeto sem colocar o pé no chão nem interromper o deslocamento.

Tome essa estrutura como uma referência que precisa ser adaptada à sua realidade, com alunos, materiais, propostas metodológicas e objetivos em frequente mudança. Com base nos fundamentos, você poderá organizar sua própria sequência pedagógica, ajustada conforme os desafios aparecem. Por fim, vale lembrar que o aprendizado do *skate* na escola sempre vem acompanhado de uma **contextualização** dos aspectos éticos, estéticos, ecológicos, pedagógicos e sociais que a fazem ser a atividade física alternativa tal como hoje se apresenta.

Síntese

Conforme indicamos neste capítulo o *skate* é uma atividade física alternativa que valoriza a estética, o espírito jovem, o estilo de vida alternativo e a atitude contestadora. É possível ensiná-lo na escola, já havendo diferentes propostas didáticas com essa finalidade.

Suas principais modalidades são *street*, vertical e *downhill*.

Indicações culturais

AURICCHIO, J. R. Segurança e gestão de riscos nas atividades de aventura. **EFDeportes**, Buenos Aires, ano 21, n. 215, abr. 2016. Disponível em: <http://www.efdeportes.com/efd215/riscos-nas-atividades-de-aventura.htm>. Acesso em: 16 jan. 2020.

Fundamentado no sistema da Associação Brasileira de Empresas de Turismo de Aventura (ABETA), esse artigo de José Ricardo Auricchio ensina a construir um sistema de gestão de riscos para o local de sua aula.

PAZ, D.; PIMENTEL, G. G. A. **Gestão de riscos no ensino do skate**. 7 set. 2017. Disponível em: <https://www.youtube.com/watch?v=RwVqX2vs1ts>. Acesso em: 16 jan. 2020.

Veja esse vídeo sobre *skate*, inspirado no projeto Escola de Aventuras, o qual existe desde 2008 e aplica metodologias inovadoras de ensino para e pelo lazer por meio de atividades de aventura.

SOCIAL SKATE. Disponível em: <https://www.socialskate.org.br>. Acesso em: 16 jan. 2020.

A ONG Social Skate tem o mais premiado projeto de inclusão de crianças e adolescentes por meio de ações educativas, recreativas e artísticas ligadas ao *skate*. O trabalho é fruto da visão de Sandro Testinha, famoso skatista, e de Leila Vieira dos Santos, pedagoga.

Atividades de autoavaliação

1. Usualmente surgem novas modalidades de *skate*, mas as principais são:
   a) *Fingerboard*, *slalon* e *banks*.
   b) *Roller derby*, *speed*, urbano e *street*.
   c) *Freestyle*, *longboard*, *slide* e *park*.
   d) *Downhill*, *street* e vertical.
   e) *Hoverboard*, *cruiser* e super-rampa.

2. Sobre as modalidades de *skate*, é correto afirmar:
   a) O *cruising* requer um *shape* especial (*semi-long*), pois envolve acrobacias.
   b) No *slalon*, as principais manobras são *fakie*, *ollie*, breque e *tail drop*.
   c) A origem da modalidade *street* veio de surfistas que utilizavam piscinas ovais vazias.
   d) O *street* e o *park* são modalidades olímpicas, nas categorias masculino e feminino.
   e) O tipo de movimento predominante no vertical é o desvio de obstáculos.

3. Sobre a base de remada, a pisada regular é realizada com:
   a) pé esquerdo sobre os parafusos do *nose* e remada com a perna direita.
   b) pé direito sobre os parafusos do *nose* e remada com a perna esquerda.

c) pé direito sobre os parafusos do *tail* e remada com a perna esquerda.
d) pé esquerdo sobre os parafusos do *tail* e remada com a perna direita.
e) pé direito no *tail* e pé esquerdo no *nose*.

4. Observe o modelo de *skate* a seguir.

xiaorui/Shutterstock

I. Trata-se de um *skate* modelo *street*.
II. As rodas são de poliuretano.
III. Se alguém remar com a perna esquerda, a base é *goofy*.

As sentenças corretas são:

a) I e II.
b) II e III.
c) I e III.
d) I, II e III.
e) Somente a II.

5. A iniciação esportiva é uma possibilidade de aplicação do *skate*. Além de aumentar a probabilidade de todos aprenderem, outra vantagem do ensino sistematizado do *skate* sobre "aprender nas ruas" é:

a) A formação de atletas para as competições.
b) O aumento da produção de consumo energético basal.
c) A influência cultural do estilo de vida skatista.
d) A gestão dos riscos pelo professor, diminuindo acidentes e evasão.
e) O aluno se tornar autodidata.

Atividades de aprendizagem

Questões para reflexão

1. Após assistir ao vídeo *Gestão de riscos no ensino do skate* (Paz, 2017) sobre a Escola de Aventuras, sugerido na seção Indicações Culturais, quais outras aplicações você consegue pensar com relação ao *skate* no mercado de trabalho?

2. Após visitar o *site* da ONG Social Skate ou do projeto Escola de Aventuras, analise a oferta de *skate* no Quadro 4.4 explique qual modalidade predomina nessas iniciativas.

Atividade aplicada: prática

1. Experimente ministrar uma aula de iniciação ao *skate* para até dois aprendizes. Siga o roteiro apresentado.

    - **Objetivo**: aprimorar os fundamentos técnicos de deslocamento sobre o *skate*.
    - **Público-alvo**: adolescentes entre 12 e 16 anos.
    - **Recursos necessários**: quadra desportiva, um *skate* para cada dupla.

    Desenvolvimento da aula:

    - **Atividade 1**. Sentado sobre o *skate* e empurrando-o em baixa velocidade, o aluno deve pressionar as laterais do *shape* para dirigir o *skate*. O professor dará comandos: "direita", "esquerda", "frear usando a sola do calçado". A atividade será refeita com a pessoa em três apoios e usando a perna dominante para remar.
    - **Atividade 2**. Em pé, o aluno testará sua base de equilíbrio. Primeiramente, com as rodas travadas; depois, com um colega fazendo a proteção. Se o desafio for baixo, peça a ele que faça o avião sobre o *skate*: equilibrar-se sobre uma perna, inclinar o tronco à frente, abrir os braços.

- **Atividade 3**. Em pé, com segurança, o aluno deve fazer a impulsão com uma remada seguida de base, direcionar o *skate* em *frontside* e frear. Quando obtiver autonomia, ele deve realizar duas remadas, base, agachar, levantar e frear. Para cada tentativa, o estudante deve utilizar uma variação de freio: convencional, com a sola do pé ao lado do *nose*; gradual, com a ponta do pé ao lado da metade do *shape*; ou pressionando o *tail* para frear o *skate* por meio do atrito com o solo.
- **Atividade 4**. Remar, direcionar o *skate* em linha reta. O professor vai colocar a sola do pé contra o *nose*, travando o *skate*, e o aluno deverá dar um salto com o pé dominante à frente.
- **Avaliação**. Analisar se o aluno conseguiu dominar os fundamentos direção, remada, freio, base (de equilíbrio e de remada) e gestão ativa dos riscos.

Capítulo 5

Escalada

Luana Mari Noda

Este capítulo é dedicado à escalada. Nele abordaremos o contexto histórico da modalidade e suas ramificações, bem como alguns aspectos técnicos, dando ênfase à montagem e à segurança dos equipamentos. Para além das especificidades dessa modalidade, ainda proporemos a aplicabilidade da escalada em espaços não formais (praças, clubes, *resorts*, entre outros), numa perspectiva educacional também voltada ao lazer.

Nesse aspecto, o texto seguirá uma ordem que possibilite compreender o contexto histórico e as possíveis adaptações que se fazem e se fizeram com base nos interesses culturais e sociais dos indivíduos. Para isso, indicaremos as características da atividade, seu histórico e desenvolvimento, os tipos de escalada e os equipamentos adequados. Abordaremos também técnicas e métodos de segurança e, ainda, a aplicabilidade da escalada, bem como suas adaptações para diferentes âmbitos de atuação.

No fim deste capítulo, esperamos que você possa compreender os aspectos que circundam a atividade alternativa escalada, além de visualizar possibilidades de atuação nos diferentes contextos.

5.1 As características da atividade

Escalada, alpinismo e montanhismo são considerados sinônimos por muitos, mas entre os praticantes são atividades diferentes. **Escalar** é um dos movimentos humanos básicos: nós escalamos antes que possamos nos levantar e caminhar (escalar é um instinto humano). Segundo a International Federation of Sport Climbing (IFSC), milhões de pessoas de todo o globo escalam regularmente ao ar livre e dentro de casa: quase 3 mil pessoas tentam escalar pela primeira vez todos os dias. Os ginásios e locais de treino esportivos estão espalhados por mais de 150 países (IFSC, 2020). Assim, a escalada pode se tornar um diferencial na formação dos profissionais do turismo, da educação física e do esporte.

Considera-se que a escalada começou quando, devido às condições do meio ou do grau de inclinação do terreno, foi necessário recorrer à ajuda de mãos ou outros meios para continuar a progressão.

> A escalada pode ser praticada e adaptada para pessoas de todas as idades. Entre as modalidades de aventura, a escalada talvez seja a que mais se aproxima da primeira infância.

Já no **montanhismo** os objetivos são visitar as montanhas, conviver com elas, divertir-se com os amigos e curtir a natureza, podendo ter trechos de escalada ou não. Os escaladores encaram esse convívio como desafio, aventura. Querem enfrentar e superar tanto as dificuldades de explorar a natureza quanto suas próprias limitações físicas, técnicas e emocionais.

Vários autores definem a escalada de acordo com diversos critérios. Segundo Oliveira (2010), a atividade consiste na ascensão em uma superfície natural (rocha, gelo etc.) ou artificial (estrutura artificial de escalada – EAE, edifícios e outros). Na escalada, é possível utilizar materiais que facilitem o deslocamento do escalador, bem como equipamentos de segurança.

A escalada pode ser praticada e adaptada para pessoas de todas as idades. Entre as modalidades de aventura, a escalada talvez seja a que mais se aproxima da primeira infância. Segundo Pereira e Armbrust (2010), a criança, ao engatinhar, utiliza os mesmos músculos da escalada e, quando começa a andar e usar os braços para se apoiar, assim como quando começar a subir em móveis, ela estará literalmente escalando. Já a partir dos 6 anos, a escalada pode ser uma atividade que pode auxiliar no desenvolvimento da postura e na manutenção da atenção. Por ser uma modalidade de risco inerente de queda, é fundamental a compreensão e o respeito às regras para uma prática segura. Na adolescência, os movimentos técnicos são introduzidos, assim como a aprendizagem das técnicas verticais, e o jovem participa das montagens de vias em paredes artificiais e do cuidado com os equipamentos de segurança.

Os elementos que intervêm na subida são:

- O homem.
- O meio.
- O equipamento.

A escalada não é um jogo, embora seja um desafio – o qual envolve vitórias e derrotas. Existem regras importantes em relação à segurança e ao convívio com a natureza e com as pessoas – sobretudo, os companheiros.

Dessa forma, este capítulo se dedica a apresentar as dimensões de conceitos, atitudes e procedimentos da escalada. Confira mais detalhes a seguir.

Figura 5.1 Dimensões da escalada

Dimensão conceitual	Dimensão procedimental	Dimensão atitudinal
• Aspectos históricos • Locais de prática • Equipamentos • Objetivos e motivos para a prática	• Técnicas de movimento • Técnicas verticais • Técnicas de segurança • Procedimentos metodológicos	• Noção de regras • Ética esportiva • Respeito às normas de segurança

Para isso, a seguir abordaremos os seguintes temas: histórico e desenvolvimento dessa modalidade, tipos de escalada, técnicas e segurança e, por fim, a aplicabilidade da escalada e as adaptações para os diferentes âmbitos de atuação.

Importante!

Escalada é a ação ou o resultado de escalar, a movimentação que levará ao topo de alguma coisa, a ação de se chegar ao cume. Assim, trata-se de uma modalidade esportiva vertical.

Ao longo deste capítulo, esperamos que você possa compreender os aspectos que circundam a escalada e suas técnicas de segurança, bem como visualizar as possibilidades de atuação nos mais diferentes contextos.

5.2 Histórico e desenvolvimento da escalada

Escalar é uma habilidade inerente ao ser humano. Todos nós, em algum momento de nossas vidas, escalamos. Porém, no que tange aos diversos ambientes em que a escalada é praticada, como definimos as modalidades?

Se pesquisarmos na maioria dos dicionários, veremos que os termos *montanhismo*, *escalada* e *alpinismo* são considerados sinônimos – mas há diferenças. Tanto o montanhismo quanto a escalada existem desde que o homem começou a explorar a natureza, mas se confundiram com alpinismo porque a primeira grande escalada foi feita nos Alpes. Até o início da década de 1990, era assim que eram chamados todos os tipos de escalada.

De acordo com Pereira (2007, p. 16):

> *alpinismo, montanhismo e escalada são sinônimos, mas para escaladores existem diferenças. O alpinismo é a escalada nos Alpes, que são o berço desse esporte na Europa, o montanhismo é a escalada em qualquer montanha e a escalada é qualquer subida que se faça em rocha, gelo e parede artificial.*

Hoje chamamos de *montanhismo* a exploração de montanhas (nevadas ou não), caminhando ou escalando. O montanhismo inclui caminhadas em trilhas, conhecidas como *trekking* ou *hiking*, palavras de línguas holandesa e inglesa, respectivamente, que sugerem a ideia de longas jornadas.

A origem da escalada se deu no montanhismo, quando, na busca pelo topo da montanha, era necessário transpor caminhos íngremes e atravessá-los utilizando quatro apoios, em rocha ou gelo (Cunha, 2005; Varela, 2009). Em 1786, o médico Jean Michel Paccard e o garimpeiro Jacques Balmat queriam descobrir o que poderia existir no cume do Mont Blanc. Eles desafiaram o ponto mais alto dessa montanha, com 4.800 metros de altitude, sempre coberto de neve e envolto por mitos sobre seres monstruosos que o habitavam (Pereira, 2007).

Em um rigoroso inverno na Ucrânia, iniciou-se a história da escalada esportiva. Durante os anos 1970, um ucraniano elaborou uma forma para que pudesse treinar mesmo durante o inverno e, assim, pendurou pedras em suas paredes. A ideia foi tão boa que logo todos os outros escaladores locais a copiaram. Surgia então a **escalada esportiva**.

O primeiro campeonato mundial com uma parede natural foi realizado na Itália, em 1985. Dois anos mais tarde, em 1987, pela primeira vez foi realizado um campeonato em uma parede artificial. Em 1990, foi criada a Copa do Mundo de Escalada Esportiva. Nos Jogos Olímpicos de Barcelona, em 1992, a modalidade participou como esporte de demonstração (Pereira; Armbrust, 2010).

O início da prática da escalada no Brasil aconteceu no fim da década de 1980. Entretanto, a modalidade cresceu no país somente com a realização do I Campeonato Sul-Americano de Escalada Esportiva, em 1989, na cidade de Curitiba (ABEE, 2020).

Quanto à categorização da modalidade, são observados diversos critérios referentes aos equipamentos, ao grau de dificuldade, à forma de progressão, entre outros detalhes.

Importante!

As categorizações podem ser classificadas conforme a natureza do local de prática (Oliveira, 2010).

Cada tipo de escalada tem objetivos, técnicas, equipamentos, estratégias e regras diferentes, além de serem praticadas em superfícies e localizações diversas. Podemos, primeiramente, dividi-las de acordo com o meio no qual são praticadas: gelo, rocha e artificial.

Nesse processo de formalização dessas modalidades esportivas, as entidades que regem as modalidades no âmbito estadual, federal e internacional também foram constituídas pela lógica do ambiente em que se pratica a escalada. No Brasil, a Confederação Brasileira de Montanhismo e Escalada (CBME) é a associação estabelecida como entidade nacional de administração do desporto de montanhismo e escalada. A CBME trabalha como principal órgão que agrega entidades de todo o país num esforço contínuo para estruturar os esportes sob sua competência.

A CBME é membro da União Internacional das Associações de Alpinismo (UIAA). Esse órgão foi criado em 1932 e está presente nos seis continentes, com 92 associações que o integram, em 68 países, representando aproximadamente 3 milhões de pessoas. A UIAA promove mundialmente o crescimento e a proteção do alpinismo e da escalada em neve.

Figura 5.2 Escalada e suas Instituições esportivas

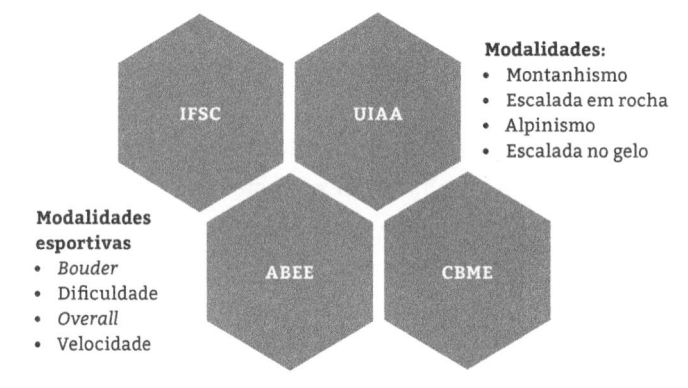

Modalidades:
- Montanhismo
- Escalada em rocha
- Alpinismo
- Escalada no gelo

IFSC UIAA

Modalidades esportivas
- *Bouder*
- Dificuldade
- *Overall*
- Velocidade

ABEE CBME

Já a IFSC foi criada em 27 de janeiro de 2007 e é uma continuação do International Council for Competition Climbing, que teve origem em 1997. A IFSC é focada na escalada esportiva tanto em rocha quanto em paredes artificiais, e tem como principais objetivos a direção, a regulação, a promoção, o desenvolvimento e o adiantamento de competições de escalada em todo o mundo. A instituição brasileira que é filiada à IFSC é a Associação

Brasileira de Escalada Esportiva (ABEE), sendo formada por escaladores esportivos, com a parceria de ginásios, clubes e entidades atuantes no desenvolvimento e na promoção da escalada esportiva.

5.3 Tipos de escalada e equipamentos

Conforme esclarecemos anteriormente, a escalada pode ser classificada de acordo com o meio onde é praticada. Aqui demonstraremos que há outros tipos de categoria, bem como quais são os equipamentos utilizados em cada um deles.

A escalada pode ser definida também pelo uso de equipamentos para **ascensão**, pela **duração** e pelo **tipo de segurança** que é realizado. Na questão do uso de equipamentos para ascensão, temos a **escalada livre**, que é quando os recursos naturais disponíveis para o escalador são usados para a progressão, aproveitando-se a configuração da rocha ou do gelo. Nessa modalidade, usa-se a corda, âncoras e outros materiais apenas como meio de segurança.

A escalada é chamada de **artificial** quando o escalador não consegue se equilibrar e ascender somente com os pés e as mãos na rocha, ou com o machado de gelo, pois ele precisa de meios ou suportes artificiais para continuar a progressão. Nesse caso, os elementos são usados não só para segurança, mas também como suporte para continuar a progressão (Oliveira, 2010; Pereira, 2007).

Quando pensamos na **escalada esportiva**, esta é semelhante à escalada livre. Porém, a via que o escalador seguirá já está estabelecida, com proteções fixas nas rochas ou em paredes *indoor*, além de ter altura máxima de cerca de 50 metros (Pereira; Armbrust, 2010). O *big wall*, que é para escaladores mais experientes, consiste na escalada de monoblocos de rochas com mais de 500 metros, sendo que a escalada pode levar mais de um dia, necessitando de pernoite na rocha. O *boulder*, por sua vez, consiste em escalar pequenos blocos de rocha de dois a cinco metros de altura. Por serem alturas relativamente baixas, não se costuma utilizar equipamentos de segurança (Oliveira, 2010; Pereira, 2007).

No que se refere às formas de segurança, temos vias em *top rope*. Como o próprio nome já diz, a corda vem de cima, deixando a escalada muito mais segura. À medida que a primeira pessoa escala, a segunda faz a segurança, mantendo a corda sempre sem folga para que, numa eventual queda, o escalador desça com segurança ao chão. Essa forma de escalada é a mais segura, a mais praticada na academia e também a ideal para iniciantes. As vias guiadas dão maior flexibilidade de uso das paredes, permitindo não só escalar vias mais longas, como também paredes mais negativas e tetos. Nesse sistema, a corda não é recolhida, mas, sim, liberada conforme a progressão na parede.

Para cada forma de escalada há um conjunto de equipamentos que permite a prática segura da modalidade. A seguir abordaremos cada equipamento e sua função em cada tipo de escalada.

5.3.1 Os equipamentos

Os materiais utilizados nos diferentes tipos de escalada devem atender a uma série de requisitos que garante segurança, força e adequação. Existem organizações nacionais e internacionais que submetem esses materiais a testes para garantir resultados mínimos de qualidade.

As organizações que têm regulamentos a esse respeito são a UIAA e a Comunidade Europeia.

Confira a seguir os equipamentos de uso comum para rocha, gelo e neve.

Quadro 5.1 Equipamentos de uso comum na escalada

Corda

A corda é o elemento mais importante para o escalador, em virtude de sua função. As cordas são divididas em dinâmicas e estáticas. A **dinâmica** é a mais usada e indicada para escaladores, devido a seus vários desenhos que se alongam sob carga como uma mola, facilitando quando a corda está em movimento e fluindo sobre a ancoragem. A corda **estática** possui uma elasticidade menor e é utilizada principalmente em sistemas *top rope* de segurança e em técnicas de descida, como o rapel.

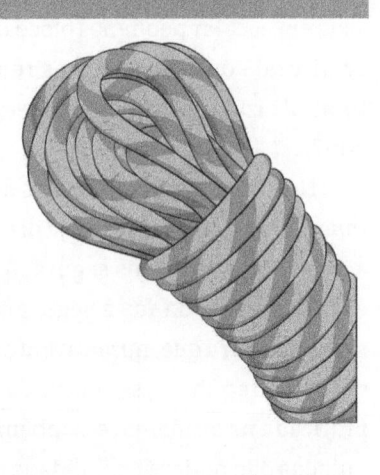

Mosquetões

Os mosquetões são anéis de metal que servem para juntar os diferentes elementos das cadeias de segurança e apresentam uma variedade de formas. Eles abrem em um de seus lados para permitir a passagem de pino, corda ou outro elemento. Os materiais utilizados para a sua construção são ligas de metal e aços leves.

Fitas expressas (ou costuras)

Fitas expressas, também chamadas de costuras, são compostas de dois mosquetões – um para ser colocado na ancoragem (grampos, *nuts, friends, pítons* etc.) e outro para inserir a corda – unidos por uma fita. Ela faz com que a corda fique livre de atrito com a rocha.

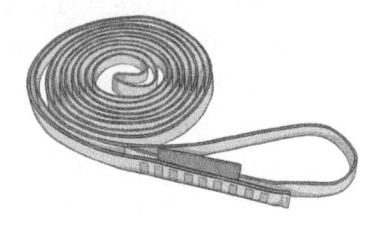

(continua)

(Quadro 5.1 – conclusão)

Cadeirinhas (ou *baudrier*)

As cadeirinhas (ou *baudrier*) permitem que os praticantes escalem com mais conforto e segurança. Esse item é responsável por ligar o escalador aos equipamentos de segurança.

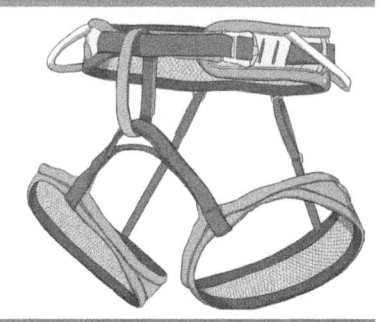

Freios

Os freios podem ser de dois tipos. Os mais comuns são os **dinâmicos**, como o ATC e o freio "oito", que apenas causam um atrito entre a corda e o equipamento – dessa forma, corre-se risco de queda quando a corda não se encontra devidamente tensionada. Dos freios **automáticos** ou **autoblocantes**, o mais comum é o freio Gri-Gri, o qual, por ser automático, é o mais utilizado nas escaladas esportivas. Ele também é conhecido pela praticidade e pela segurança, pois trava a corda automaticamente quando ela é tensionada.

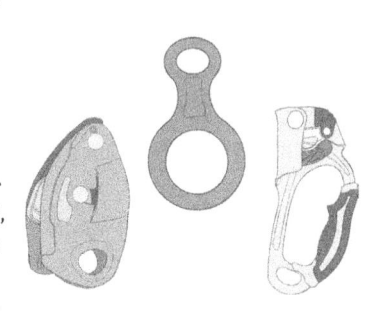

Fonte: Elaborado com base em Daflon; Daflon, 2007; Oliveira, 2010.

A respeito dos **equipamentos de segurança**, citamos, em especial, o **capacete**. Ele é necessário para a proteção da cabeça, caso haja quedas de equipamentos e ferramentas, eliminando chances de lesões graves. Procure dar preferência para capacetes com uma carapaça rígida e que absorva o impacto.

Já as **sapatilhas** ou **botas de escalada** têm sola de borracha macia e de grande aderência, além de se ajustarem perfeitamente aos pés. Apesar de causarem inicialmente desconforto, o ajuste aos pés precisa estar sem qualquer folga.

> **Materiais específicos para neve e gelo**
>
> Embora não tenhamos muito contato com a escalada na neve e no gelo, por residirmos em um país quase todo tropical, é interessante saber um pouco sobre os materiais exclusivos dessa modalidade. Entre os mais utilizados, citamos os *crampons*, que são armações de metal que são fixadas na sola da bota, para progredir no gelo ou na neve dura. Esses quadros estão equipados com pontas de vários centímetros de comprimento, cujo objetivo é cravar-se no gelo, impedindo o deslize.
>
> O machado de gelo e o martelo são usados principalmente na progressão e na proteção. Já os parafusos de gelo são fabricados com diferentes materiais que combinam força e leveza. Existem basicamente quatro tipos: tubular, tronco-cônico, *Snarg* e *Python* (Daflon; Daflon, 2007; Oliveira, 2010).

Lembramos que os equipamentos de segurança são extremamente importantes, bem como o uso correto de cada um deles. Entre os equipamentos mais comuns temos: cordas, fitas, cadeirinha, ferragens (mosquetões, blocantes mecânicos, aparelho de freio, polias) e equipamentos de segurança (luvas, capacete e sapatilha).

Cada equipamento exige o uso correto, assim como estar devidamente conectado no escalador e na montanha, parede ou gelo. Assim, abordaremos a seguir os nós para as cordas e as fitas.

5.4 Técnicas e segurança

Aqui apresentaremos as técnicas utilizadas na escalada. Para um melhor entendimento, dividimos esse conteúdo em quatro tipos de técnicas: **nós**, **ascensão**, **descensão** e **segurança**.

Confira os detalhes de cada uma delas a seguir.

5.4.1 Técnicas de nós

Os **nós** são usados para unir elementos diferentes utilizados na técnica de escalada. É importante que eles sejam simples e fáceis de reconhecer, que se adaptem às necessidades, não soltem sozinhos e possam facilmente ser desfeitos. Podemos dividi-los em nós de união, nós de ancoragem e nós de autobloqueio (Daflon; Daflon, 2007; Oliveira, 2010).

Os **nós de união** servem para unir cordas e fitas. Os mais utilizados são: nó simples, zelha dupla, *weaver* dupla e lais de guia. Já os **nós de ancoragem** servem para ancorar a corda tanto ao sistema de segurança quanto ao praticante. São eles: oito, *hitch clove*, nove e romano. Os **nós de autobloqueio** básicos, por sua vez, são utilizados como sistema de frenagem. Entre eles, citamos: *prusik* simples, *machard*, bidirecional, trançado, *lorenzi* e nó suíço.

Observe a seguir algumas imagens que demonstram alguns dos nós mais utilizados em escaladas.

Figura 5.3 Nós de união

Nó simples

Zelha dupla

O nó simples e a zelha dupla são nós de união – servem para juntar cordas e fitas.

Já o nó oito é muito utilizado como nó de **ancoragem**, conforme mencionamos anteriormente.

Figura 5.4 Nó oito

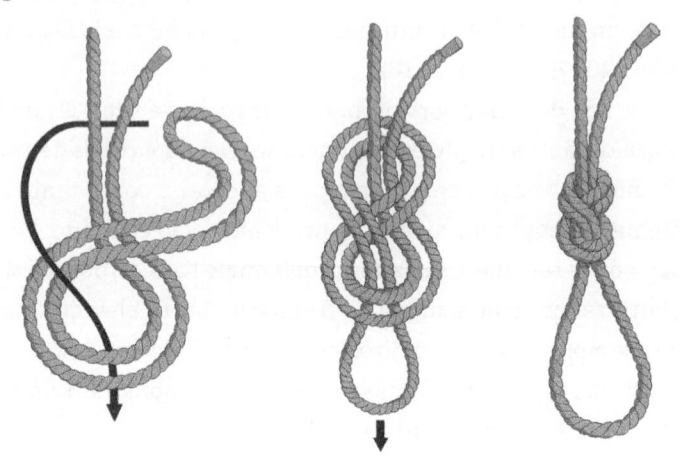

O nó *machand* é um nó de autobloqueio, utilizado como dispositivo de frenagem do escalador no sistema de cordas de segurança.

Figura 5.5 Nó *machand*

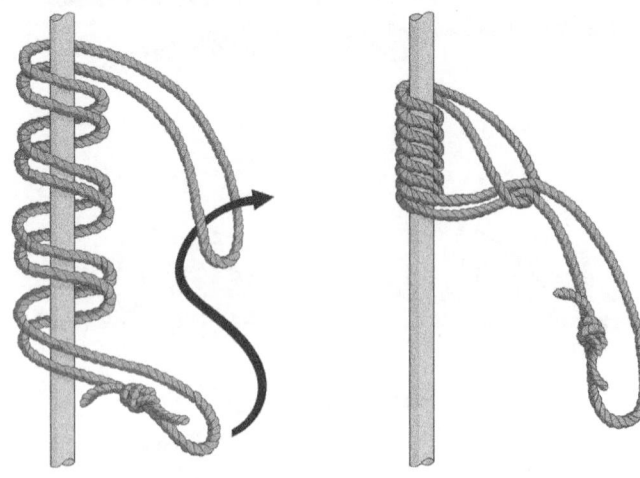

Nesta seção, vimos os principais tipos de nós, como executá-los e suas principais funções. Lembramos que quanto mais bem executado o nó, melhor será a sua resistência e a sua aparência. Assim, um nó "bonito" é um nó bem feito e, portanto, mais resistente.

A seguir veremos as principais técnicas de ascensão e também o modo como são utilizados os métodos de progressão vertical.

5.4.2 Técnicas de ascensão

As técnicas de ascensão podem ser estáticas ou dinâmicas. A **escalada estática** é entendida como a progressão da posição de movimento para a posição de equilíbrio – fazer um movimento em que a posição do corpo é controlada pelo movimento do músculo e não por impulso. Já a **escalada dinâmica** é aquela que usa um impulso intencional para encadear várias etapas. Ela é usada em graus elevados de dificuldade de escalada e permite resolver etapas que, por meio da escalada estática, seria impossível realizar (ABEE, 2020).

A boa técnica de escalada é dividida em dois movimentos:

1. de membros;
2. de mudança de peso corporal (e repetição dessa sequência).

Esse processo é essencial na escalada, pois, melhorando esses movimentos, você será capaz de combinar os passos em movimento fluido. Evite o deslocamento de peso e mover mais de um membro ao mesmo tempo. Use seus braços para manter o equilíbrio e as pernas para manter seu peso corporal. Se seus pés fizerem muito barulho quando você subir, isso indica que você precisa melhorar sua técnica de escalada estática.

Mantenha seu centro de gravidade equilibrado em uma direção para frente ou para trás – em outras palavras, para a parede ou para longe dela. De modo geral, manter o corpo próximo à parede facilita. Entretanto, por vezes, inclinar-se para longe do muro é necessário, para podermos ver o percurso.

5.4.3 Técnicas de descida

Existem diversas técnicas para a **descensão**. Entre elas, citaremos as três mais utilizadas: destrepe, corda nas costas e rapel (Daflon; Daflon, 2007).

O **destrepe** consiste em descer por uma parede de pouca dificuldade e manter três pontos de apoio. Pode ser feito de frente para o vácuo, quando a dificuldade é moderada, ou de frente para a parede, quando a dificuldade aumenta – nesse caso, procedemos de forma inversa à escalada, mantendo o corpo mais separado da parede, para poder ver as possíveis barreiras naturais.

A **corda nas costas** serve para descer por uma inclinação moderada, para a qual a corda está ancorada na parte superior. Quando o alpinista passa a corda na parte de trás, segurando-a com os braços abertos no alto das axilas, começa a descer lateralmente a uma velocidade controlada, produzindo travagem por fricção.

A técnica de descida mais conhecida, o **rapel**, consiste em descer de forma controlada e contínua por uma corda. É usado principalmente quando a inclinação é muito grande ou em terrenos difíceis. Atualmente, também é praticado isoladamente, como atividade de lazer ou turística.

Os vários procedimentos de rapel exigem o atrito da corda com o corpo ou com algum dispositivo para alcançar uma descida controlada. O rapel com freio é o método mais utilizado e conhecido, em razão de maior segurança, conforto e melhor controle de velocidade. O freio bloqueia facilmente a descida, sendo opcional o uso de roupas que protejam você contra a fricção.

Na técnica do rapel você precisa descer com as pernas afastadas, com a maior superfície de seus pés em contato com a parede, para manter a estabilidade, e com o corpo ligeiramente inclinado. A mão mais baixa, que fica na corda após o freio, controla a velocidade, enquanto a que permanece alta preserva sua estabilidade. A frenagem desse sistema é obtida aumentando o ângulo que é formado com a mão mais baixa.

5.4.4 Técnicas de segurança

Entendemos por **técnicas de segurança** o conjunto de fatores e procedimentos que garantem e proporcionam segurança. Durante algum tempo, os principais fatores de acidentes giravam em torno do material. Com o desenvolvimento de novas tecnologias, o material ficou mais resistente; consequentemente, a maioria dos acidentes de hoje é causada pelos "erros humanos". Dessa forma, foram elaboradas práticas que visam treinar os praticantes nas técnicas de segurança (Rauschmayer, 2018).

Na escalada individual, podemos utilizar um sistema de segurança proveniente do topo da área a ser escalada, o qual chamamos de *sistema estático* – isto é, o sistema é fixo. É um sistema que facilita a adaptação ao meio ambiente, à técnica e ao equilíbrio. Nele, uma pessoa escala enquanto seu parceiro (chamado *segurador*) faz a segurança, mantendo a corda sempre sem folga para que, em uma eventual queda, ele desça o escalador ao chão com segurança (*top rope*).

Nesse sistema, é importante que a pessoa que faz a segurança tenha conhecimento do uso dos freios, que são os principais métodos para evitar acidentes e quedas fatais. O freio pode ser utilizado tanto pelo escalador (técnicas de descida) quanto pelo segurador. O freio permite que o segurador dê corda enquanto o escalador está se afastando, que recolha a corda enquanto está se aproximando e trave a corda durante uma queda ou para repouso.

Existem dois tipos diferenciados de freios: **estáticos** e **dinâmicos**. No Quadro 5.2, a seguir, expomos as diferenças entre esses dois tipos. Confira.

Quadro 5.2 Principais diferenças entre os freios estáticos e dinâmicos

Freios estáticos	Freios dinâmicos
Vantagens	
▪ A frenagem independe da força da mão do segurador. ▪ A altura da queda é minimizada com o bloqueio imediato. O escalador corre menos risco de bater no chão.	▪ O escalador sofre uma força limitada. ▪ A cadeia de segurança (corda, grampos, mosquetões, fitas) também é forçada bem menos, diminuindo o risco de quebra. ▪ O segurador sofre um impacto menor.
Desvantagens	
As desvantagens desses freios provêm do fato de que eles bloqueiam a corda completamente. Com isso, o tranco no caso de queda do guia pode ser muito alto. Esse tranco resulta nas seguintes consequências: ▪ O choque no escalador pode ser fatal, superando as forças que o corpo dele pode suportar. ▪ O tranco puxa o segurador para cima, podendo machucá-lo.	▪ A corda que corre pelo freio está correndo também pela mão do segurador, o que pode queimar a mão em quedas altas (é necessário usar luvas!). ▪ A altura da queda aumentará e, com isso, há o risco de o escalador bater no chão. ▪ Em alguns modelos de freios, a força máxima de frenagem depende da força da mão do segurador.

O freio exige o uso correto para seu funcionamento. Portanto, é necessário passar corretamente a corda pelo freio, respeitando os mecanismos e as limitações específicas. Nos freios estáticos, a frenagem ocorre pelo enforcamento da corda, ao passo que os freios dinâmicos funcionam pelo atrito da corda no freio. Para atingir isso, estes exigem que a corda saia do freio para o lado oposto de onde entra (formando 180°). Confira esses detalhes a seguir.

Quadro 5.3 Conexão do freio 8 à corda

1. Passe a corda por dentro do anel maior.	
2. A corda está atrás do anel menor.	
3. Fixe o freio na cadeirinha usando um mosquetão.	

Will Amaro

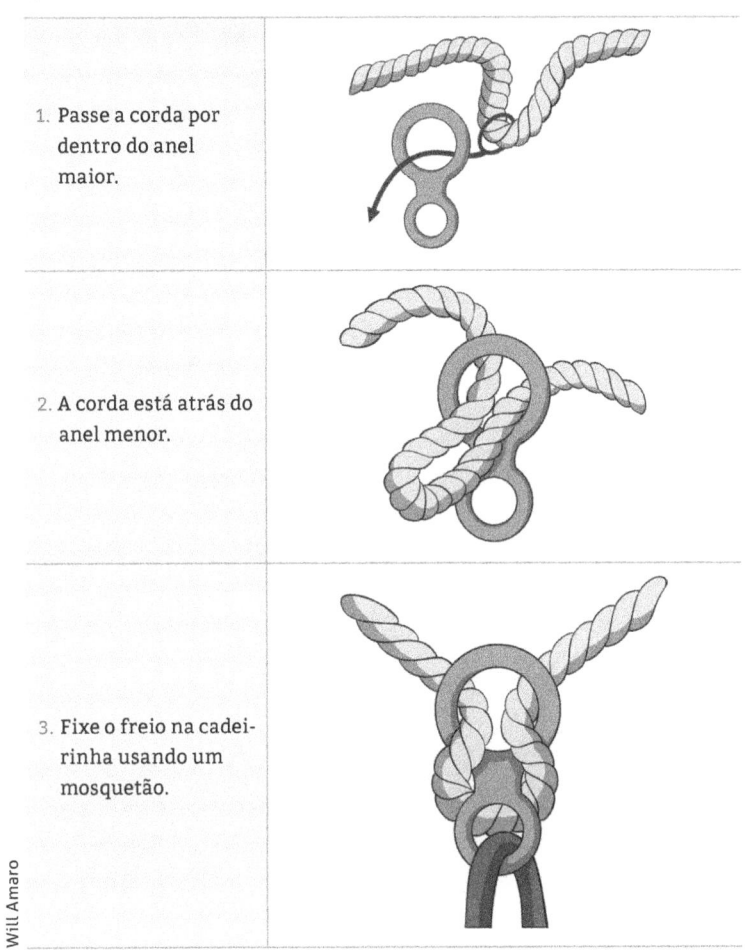

De acordo com o Curso Básico de Montanhismo do Clube Excursionista Light (Clube Excursionista Light, 2019), os freios dinâmicos funcionam somente quando a corda é colocada com ângulo de 180° entre freio e mosquetão. Para isso, a ponta da frenagem precisa entrar na mesma direção da saída da ponta do escalador. É importante lembrar de três aspectos, descritos a seguir.

Figura 5.6 Uso correto do freio

Will Amaro

Na figura, percebemos que:

- a mão que segura a corda após o freio a força para manter 180° da corda superior. Para facilitar a segurança, é adequado manter essa mão atrás do corpo.
- o freio segura somente trancos vindos de cima.
- utilize o freio somente no *baudrier* (cadeirinha).

O uso correto dos equipamentos e a boa utilização dos freios proporcionam uma prática segura e agradável aos escaladores. Assim, a seguir, discutiremos a aplicabilidade dessa modalidade.

5.5 Aplicabilidade da escalada

Trabalhos como rapel, tirolesa, arvorismo e paredes de escalada *indoor* são atividades que oferecem um número muito grande de possibilidades de trabalhos em clubes, parques, hotéis, escolas, academias, ginásios, eventos etc. Esses serviços requerem conhecimento de segurança em trabalhos verticais. Embora tenhamos apresentado neste capítulo princípios básicos da modalidade, é importante buscarmos cursos especializados em certificações de monitoria de técnicas verticais e instrução de escalada esportiva.

Não há um regulamento ou um credenciamento oficial que disponibilize um critério que caracterize ou formalize um instrutor de escalada, e mesmo na comunidade de praticantes não há consenso no que diz respeito à formação desse profissional. A Associação de Guias, Instrutores e Profissionais de Escalada do Estado do Rio de Janeiro (Aguiperj) propôs, no início deste século, uma formação mínima para guias de escalada. O modelo definiu a idade mínima para se tornar profissional de escalada, o tempo de experiência em escalada e a duração do curso de formação semelhante aos padrões internacionais (Pereira, 2016).

Outra instituição que também conta com cursos é a Associação Brasileira das Empresas de Ecoturismo de Turismo de Aventura (Abeta). Inclusive, há uma série de normas e de certificações próprias para a atividade de escalada que deve ser praticada por todos os seus associados. É possível encontrar também cursos de formação disponibilizados pelas federações e associações estaduais cadastradas na CBME ou na ABEE.

Ter acesso a uma parede de escalada e aos materiais não é uma tarefa simples para os profissionais que atuam na escola, mas isso não pode incapacitar o profissional de criar atividades que possam simular e vivenciar as técnicas de escalada. Utilizando elementos do espaço, como paredes naturais, grades de uma cerca, muros, brinquedos de um parquinho, paredes em praças, árvores ou mesmo uma carteira de sala de aula, é possível tornar a prática viável. Além disso, pode-se desenvolver paredes de escalada feitas com materiais alternativos, como pneus, cordas, canos de PVC e madeira.

Para o bacharel em Educação Física, a escalada é um mercado promissor. O Comitê Olímpico Internacional (apresentará a modalidade *indoor* como demonstração na Olimpíada de Tóquio (2021), sendo que ela já faz parte do programa dos Jogos Olímpicos da Juventude, além dos mundiais de escalada esportiva e escalada no gelo. O Brasil também possui um calendário esportivo com etapas regionais, estaduais, nacionais e internacionais. Assim, surge também a possibilidade de o profissional trabalhar diretamente com o rendimento esportivo da escalada.

Síntese

Neste capítulo, esclarecemos que, embora exista uma semelhança conceitual entre *montanhismo*, *alpinismo* e *escalada*, trata-se de práticas distintas. Montanhismo é a exploração de montanhas, alpinismo é a escalada dos alpes e escalada é qualquer subida em rocha, gelo ou paredes artificiais. A história da escalada está diretamente ligada ao desenvolvimento da humanidade e suas explorações; já a escalada esportiva iniciou-se com um escalador ucraniano que fixou pedras em uma parede para poder treinar no inverno.

Os principais fundamentos da escalada são a utilização correta dos equipamentos, a fixação dos materiais no escalador e no ambiente a ser escalado e as técnicas de segurança utilizadas. Com isso, o profissional de educação física pode atuar em diferentes ambientes, na iniciação à modalidade e na recreação, no treinamento físico (condicionamento ou preparação de atletas).

Indicações culturais

Destacamos a seguir os *sites* oficiais das principais associações e federações de escalada e montanhismo, tanto nacionais quanto internacionais, para você se aprofundar no tema e consultar mais informações sobre o assunto.

ABEE – Associação Brasileira de Escalada Esportiva. Disponível em: <http://www.abee.net.br>. Acesso em: 16 jan. 2020.

ABETA – Associação Brasileira das Empresas de Ecoturismo de Turismo de Aventura. Disponível em: <http://abeta.tur.br/pt>. Acesso em: 16 jan. 2020.

AGUIPERJ – Associação de Guias, Instrutores e Profissionais de Escalada do Estado do Rio de Janeiro. Disponível em: <http://aguiperj.org.br>. Acesso em: 16 jan. 2020.

CBME – Confederação Brasileira de Montanhismo e Escalada. Disponível em: <http://www.cbme.org.br>. Acesso em: 16 jan. 2020.

IFSC – International Federation of Sport Climbing. Disponível em: <http://www.ifsc-climbing.org>. Acesso em: 16 jan. 2020.

UIAA – Union Internationale des Associations d'Alpinisme. Disponível em: <http://www.theuiaa.org>. Acesso em: 16 jan. 2020.

Atividades de autoavaliação

1. Quais são os elementos que interferem na escalada?
    a) Homem, meio ambiente e equipamento.
    b) Anabolismo, catabolismo e velocidade de pico.
    c) Tipo de solo, gestão de riscos e método de treino.
    d) Tato, audição, olfato e visão.
    e) Força, equilíbrio e velocidade de reação.

2. Considerando o foco das entidades IFSC e UIAA, a resposta correta é:
   a) Escalada esportiva *boulder* é proibida pela IFSC.
   b) Alpinismo, escalada no gelo e montanhismo são focos da UIAA.
   c) Bacharéis em Educação Física somente são credenciados pelo IFSC.
   d) A categoria *dificuldade* da escalada esportiva é foco exclusivo da UIAA.
   e) *Overall*, montanhismo e tirolesa são prioridade para a UIAA.

3. Independentemente se a escalada for em rocha, gelo e neve, todas as três utilizam:
   a) Corda, grampos, mosquetões, fita expressa e freios.
   b) Corda, cadeirinha ou *bouldries*, mosquetões, grampos e freios.
   c) Fita expressa, freios, corda, cravos e gri-gri.
   d) Mosquetões, corda, cadeirinha ou *bouldries*, roldanas e freios.
   e) Corda, cadeirinha ou *bouldries*, mosquetões, fita expressa e freios.

4. A respeito dos nós na escalada, é correto afirmar:
   I. Utilize nós de união, como o lais de guia, para unir cordas e fitas.
   II. São nós de ancoragem: oito, *hitch clove*, nove e romano.
   III. Os nós de autobloqueio são obrigatórios em competições de *boulder*.

   a) As afirmativas I e II são falsas.
   b) As afirmativas I e II são verdadeiras.
   c) As afirmativas I e III são verdadeiras.
   d) Todas as afirmativas são verdadeiras.
   e) Todas as afirmativas são falsas.

5. Como é chamado o sistema de segurança estático proveniente do topo da escalada?
   a) *Cross over.*
   b) Gestão dos riscos.
   c) Ancoragem.
   d) Via.
   e) *Top rope.*

Atividades de aprendizagem

Questões para reflexão

1. Com base na classificação das atividades físicas alternativas que constam no Capítulo 1, de que forma a escalada vem sendo uma prática alternativa na Educação Física?

2. Com base na realidade da escalada, é possível determinar se ela é possível como alternativa de risco, reflexividade, relaxamento, saúde e rendimento?

Atividade aplicada: prática

1. Busque duas cordas com, pelo menos, 150 centímetros de extensão cada e veja quantos nós você consegue produzir, seguindo as orientações deste capítulo.

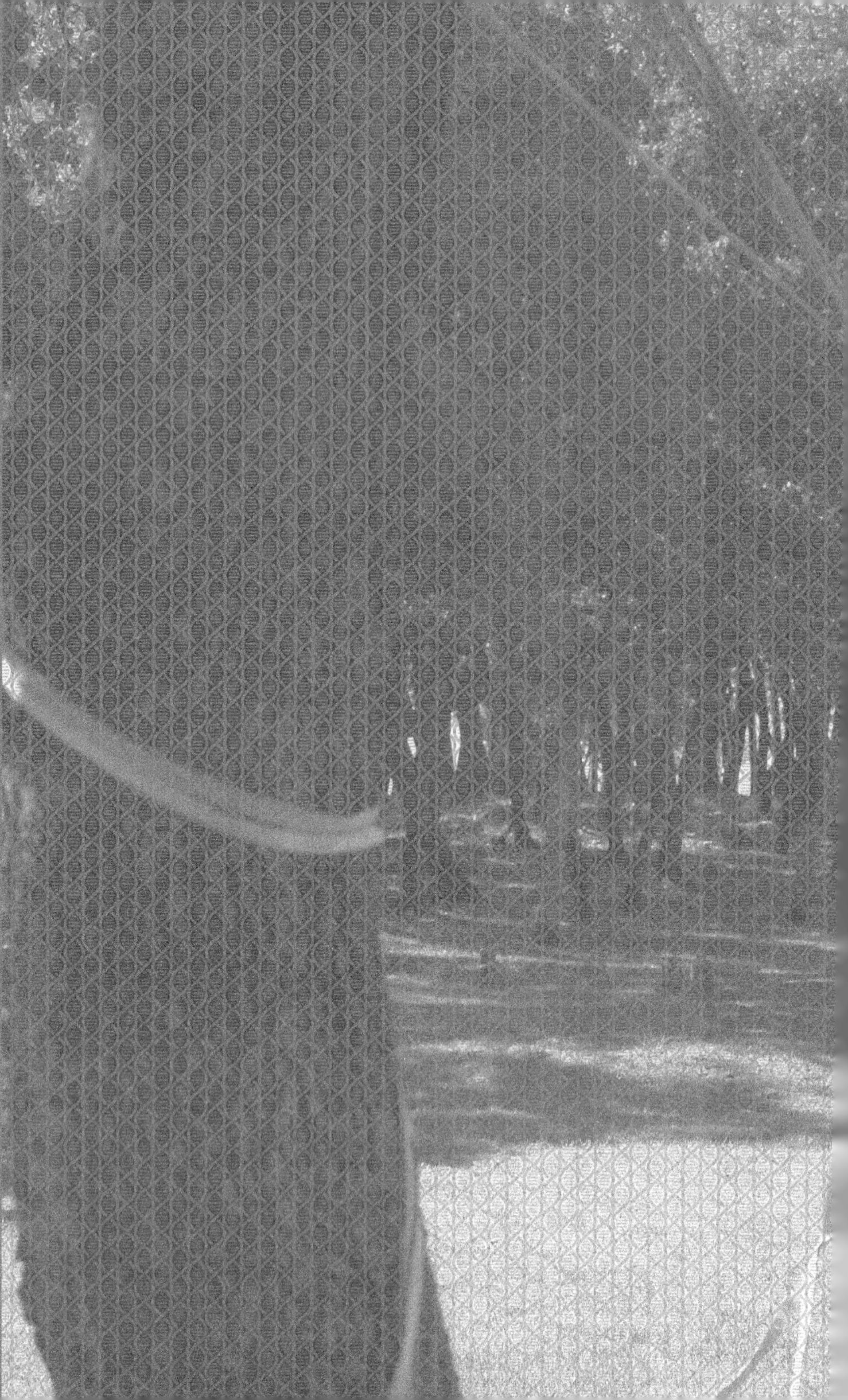

Capítulo 6

Slackline

Silvana dos Santos

Neste capítulo, abordaremos o contexto histórico do *slackline* e suas ramificações, bem como a apresentação de aspectos técnicos direcionados à modalidade, dando ênfase à montagem e à segurança do equipamento. Para além das especificidades da modalidade, ainda será proposta a aplicabilidade do *slackline* em espaços não formais (praças, clubes, *resorts*, entre outros) numa perspectiva educacional também voltada ao lazer.

Neste aspecto, o texto seguirá uma ordem que possibilite compreender o contexto histórico e as possíveis adaptações que se fazem e se fizeram com base nos interesses culturais e sociais dos indivíduos. Para tal, abordaremos o contexto histórico do *slackline* e suas ramificações, aspectos técnicos dessa modalidade e sua aplicabilidade em diferentes espaços.

É possível identificarmos o *slackline* como uma prática alternativa da Educação Física e também perceber como utilizar essa proposta. No intuito de gerar algumas provocações referentes às nossas práticas docentes, analisaremos as relações contidas no *slackline* na condição de componente da cultura corporal na sociedade, bem como apontaremos o histórico do *slackline* e suas ramificações. Vamos ainda enunciar suas diferentes práticas corporais e abordar o emprego de suas técnicas de montagem, segurança e aplicabilidade, além de sugerir e adaptar essa prática aos diferentes âmbitos de atuação.

Todavia, para que os objetivos do estudo possam ser efetivados, é necessário nos atermos ao contexto histórico do *slackline*, às ramificações recorrentes desta prática, aos aspectos técnicos da modalidade e à aplicabilidade dessa atividade nos diferentes espaços.

6.1 Contexto histórico do *slackline*

Assim como a maioria das atividades alternativas, o contexto histórico do *slackline* apresenta controvérsias. Já ouvimos falar que a modalidade teve início sob a influência de atletas circenses. Paoletti e Mahadevan (2012) elucidam que a prática é uma evolução da corda bamba do circo. De acordo com os autores, em 1907, nos Estados Unidos, mais precisamente no Eldorado Canyon, no Estado do Colorado, Ivi Baldwin fez uma travessia sobre um cabo de aço fixado entre duas torres de arenito de 200 metros de extensão entre elas, a uma altura de 180 metros.

Também há relatos de que nos anos 1980, na Califórnia, no parque Yosemite Valley, encontros realizados por alpinistas que praticavam escaladas poderiam ter dado início à prática do *slackline*, visto que, nesse parque, esses alpinistas treinavam técnicas de equilíbrio e manobras utilizando as correntes existentes no estacionamento.

Com o passar do tempo, e no intuito de ampliar o nível de dificuldade, esses mesmos alpinistas começaram a substituir as correntes pela corda. Essa corda era amarrada a uma pequena altura do chão, de modo que os alpinistas tentavam permanecer em pé, equilibrando-se, ou realizar a travessia com maior controle corporal num curto tempo. Embora Paoletti e Mahadevan (2012) ponderem que a prática foi difundida apenas entre os escaladores, ao longo dos anos cada vez mais interessados pela prática se arriscaram testando seu equilíbrio.

Aos poucos, a corda utilizada inicialmente começou a ser substituída por outros materiais, sendo comum a utilização de fitas planas com diferentes espessuras, o que facilitou sua execução e, além de aumentar a segurança, deu uma característica singular ao esporte (Heifrich et al., 2012). Na medida em que o *slackline* foi se popularizando e ganhando novos adeptos, percebeu-se a necessidade de criação de uma federação própria ao novo esporte. Desse modo, em 2011 foi criada a World Slacklines Federation (WSFED), com sede em Stuttgart, na Alemanha (Mahaffley, 2009).

Já no Brasil, Portela (2010) aponta a chegada da modalidade sob a influência de escaladores em 1995. Todavia, a modalidade só ganharia adeptos brasileiros dez anos após sua difusão inicial. Portela (2010) ressalta que a aparição da modalidade ocorreu inicialmente nas praias do Rio de Janeiro e, logo em seguida, estendeu-se para todo o país.

É necessário apontar que a modalidade tem duas finalidades: (1) o equilíbrio corporal sobre a fita durante a travessia; (2) a realização de manobras que exigem um controle corporal mais apurado.

Nesse ínterim, na medida em que a modalidade se tornou conhecida no Brasil e no mundo, iniciaram-se as competições. Barros (2015) ressalta que, em 2015, o Brasil foi país-sede do campeonato mundial de *slackline* na cidade de Foz do Iguaçu, reunindo atletas de algumas partes do mundo.

Por outro lado, a modalidade perpassa a esportivização, embora se apresente também numa conjuntura direcionada às competições. Como pudemos observar no seu contexto histórico, é notório que o *slackline* foi e é uma prática social que transcende a atividade física, pois seus praticantes se apropriam da modalidade como parte de sua vida social e cultural. Em outras palavras, na atualidade também é comum visualizarmos, nos espaços não formalizados, praticantes interessados apenas em se divertir e se entreter com algum interesse próprio durante seu tempo livre (como uma opção de lazer).

Em resumo, o contexto histórico do *slackline* pode ser compreendido da seguinte forma (Granzoto, 2015):

- Está associado à corda bamba, praticada por atletas circenses.
- Também fazem parte do histórico do *slackline* os momentos de lazer dos alpinistas na Califórnia, com a utilização de suas cordas ancoradas a poucos metros do solo lhes servindo de "treinos" para melhorar o equilíbrio.
- A difusão da modalidade a tornou conhecida em todo o mundo, transformando-a em uma prática esportiva amparada pelo WSFED.
- É uma modalidade de fácil adaptação nas aulas de Educação Física e nas vivências corporais no momento de lazer.

O conteúdo apresentado possibilita uma melhor compreensão do contexto histórico do *slackline*. Todavia, é necessário entendermos que tal prática não se manteve estática a uma maneira específica, mas apresentou variações, as quais possibilitaram a classificação de nível em que o praticante se encontre.

> *O slackline é uma prática social que transcende a atividade física, pois seus praticantes se apropriam da modalidade como parte de sua vida social e cultural.*

Dessa forma, frutificaram-se outras maneiras de utilização do equipamento, promovendo ramificações para a modalidade. É o que veremos a seguir.

6.2 Ramificações do *slackline*

Na medida em que o tempo vai passando, é natural percebermos que as práticas corporais se modificam. Tal fato ocorre pelas mudanças de interesse individual dos sujeitos e, principalmente, pela necessidade constante de inovações. Segundo Bartholdo e Andrade (2010), a modalidade se subdivide em sete formas de aplicabilidade: (1) *slackline*; (2) *trickline*; (3) *longline*; (4) *highline*; (5) *waterline*; (6) *baseline*; (7) *shortline*. Nessa subdivisão, o que difere uma prática da outra são: distância da fita; altura da fita; tensão da fita; manobras realizadas na fita; e local onde se ancorará a fita.

Para melhor compreender o que esses autores propõem, indicaremos no Quadro 6.1 as modalidades e suas respectivas características.

Quadro 6.1 Classificação de modalidades com base na prática do *slackline*

Modalidade	Característica
Slackline	A fita é montada em curtas distâncias, entre 5 e 10 m. O praticante se equilibra sobre o *slack* com diferentes tensões. Essa diferença na tensão e no comprimento permite diversas possibilidades de execução.
Trickline	Tem como objetivo a execução de manobras de equilíbrio dinâmico. São utilizadas fitas colocadas a partir de 60 cm de altura que dão a impulsão necessária para realizar as manobras. Permite a realização de manobras de saltos e de equilíbrio extremo, exigindo bastante preparo físico e treino.
Longline	Realizada perto do chão, o objetivo é desafiar distâncias cada vez maiores, de 20 m, no mínimo, utilizando fitas tubulares específicas de 25 mm. Caso contrário, a fita não terá o balanço tão admirado pelos praticantes dessa modalidade.
Highline	É a modalidade mais radical do *slackline*, com travessias feitas acima de 5 m de altura em locais como prédios e montanhas. Recomenda-se que o atleta tenha, além de uma experiência avançada em *slackline*, conhecimentos de escalada e domínio dos equipamentos de segurança do atleta, a exemplo do uso de capacete, cadeirinha e demais EPIs.
Waterline	É a prática sobre as águas, piscinas, rios ou praias. É definida como a mais descontraída das modalidades, uma vez que quase não se utilizam cabos de aço porque suas quedas não oferecem riscos. Permite a realização de manobras.
Baseline	Restrita somente ao público paraquedista, trata-se de uma variação do *highline*, porém sem o cinto de segurança com alças para as pernas (*baudrier*). O praticante se equipa com o paraquedas nas costas e, caso caia da fita, este é acionado.
Shortline	Trata-se da modalidade mais segura, já que a fita é colocada em nível baixo e com as ancoragens próximas. Além disso, é a mais indicada para iniciantes, juntamente com o *trickline*, por não exigir maiores esforços nem habilidades específicas com relação às outras modalidades.

Fonte: Elaborado com base em Bartholdo; Andrade, 2010.

Para além das subdivisões apresentadas por Bartholdo e Andrade (2010), Granzoto (2015) apresenta em seu estudo sobre ramificações da modalidade uma perspectiva de atuação/intervenção, para além da esportivização ou de adaptações em âmbito escolar. Os detalhes serão apresentados no Quadro 6.2, a seguir.

Quadro 6.2 Classificação de modalidades do *slackline*

Modalidade	Características
Spaceline	Não tem uma altura fixa. Porém, seu diferencial é que são três fitas tensionadas e ligadas uma na outra, dificultando ainda mais o equilíbrio dos outros dois praticantes.
Yoga line	Realizado em baixas alturas, seu principal foco é a realização de meditação e relaxamento. Portanto, exige um alto nível de equilíbrio para sua prática.
Jump line	Tem conexão com o *trickline*, cujo objetivo é a realização de saltos variados.

Fonte: Elaborado com base em Granzoto, 2015.

Num primeiro momento, se compararmos os dois quadros, conseguiremos facilmente apontar no Quadro 6.1 a ramificação do *slackline* na condição de prática esportiva e suas variações. Em contrapartida, o Quadro 6.2 começa a apresentar nuances da modalidade na condição de atuação/intervenção para os profissionais de educação física em seus diferentes âmbitos. Especificamente o segundo quadro evidencia a adaptação da modalidade numa perspectiva de atuação em academias e clubes, com as práticas do *yoga line*[1] e do *jump line*[2].

No que diz respeito à criação das modalidades apresentadas no Quadro 6.2, autores como Cardozo e Costa Neto (2010) e Almeida e Martineli (2015) postulam que isso ocorreu em virtude da demanda de um público mais específico. Todavia, vale destacar

---

[1] Prática de ioga sobre a fita de *slackline*, ampliando a técnica de controle do corpo e da mente.

[2] Prática de saltos variados sobre a fita do *slackline*.

que as ramificações do *slackline* abrem possibilidades para três campos de atuação/intervenção: (1) área educacional; (2) fortalecimento (área *fitness*); e (3) área de aventura.

Com relação à área educacional, é sabido que esse ambiente deve ser o propulsor de diferentes conhecimentos para os alunos. Especificamente nas aulas de Educação Física, cabe ao professor difundir a cultura corporal do movimento por meio de práticas diversificadas e que, ao mesmo tempo, contemplem experiências corporais de novas práticas, de modo a explorar a transversalidade e a interdisciplinaridade ofertada na escola.

Por outro lado, o mesmo profissional de educação física que oferece diferentes experiências corporais a seus alunos também deve se ater à questão do risco, quando envolve nessas experiências corporais a prática de atividades alternativas, desmistificando que tais práticas não devem ser inseridas em âmbito escolar por gerar risco aos praticantes. Todavia, de forma reflexiva, isso deve oportunizar aos alunos, além da melhoria de suas habilidades motoras, a ampliação dessas vivências corporais no cotidiano, durante suas práticas de lazer.

Na área *fitness*, o que se considera como contribuição ao **fortalecimento** muscular adquirido com a prática é uma discussão já realizada por Pereira e Maschião (2012). Esses autores apontam que a modalidade favorece o aumento da força muscular de membros inferiores, principalmente pela posição em que o praticante permanece (joelhos semiflexionados, gerando tensão muscular isométrica nessa região).

Nesse mesmo sentido, Keller et al. (2012) também chamam atenção para o controle muscular das articulações do quadril, dos joelhos e dos tornozelos. O fortalecimento desses membros consequentemente promoverá melhorias no controle postural. Desse modo, consideramos que a melhoria do equilíbrio e o fortalecimento das articulações específicas são frequentes. Portanto, podemos associar a prática do *slackline* a treinamentos funcionais e aproximá-lo cada vez mais das vivências corporais ofertadas em espaços específicos para a área *fitness*.

Embora a **área de aventura** seja a pioneira em relação às demais, a aplicabilidade do *slackline* nessa área em específico se fortalecerá no campo de atuação do lazer e do turismo. No entanto, Paixão (2012) elucida que as práticas físicas, tanto com caráter de competição quanto com caráter de lazer, implicam riscos com proporções distintas, como quedas, colisões, escoriações, fraturas, afogamentos, congelamentos e mal-estar. No entanto, as estratégias e os procedimentos advindos de conhecimentos relativos a dada modalidade propiciam a minimização de acidentes.

Importante!

Independentemente da área de atuação escolhida (educacional, *fitness* ou aventura), podemos considerar que o profissional estará atuando/intervindo na qualidade de um **facilitador**, para sua clientela obter os benefícios esperados: diversão, aprendizado, condicionamento físico, desempenho em competições, entre outros.

Nesse ínterim, o processo ensino-aprendizagem das atividades alternativas é envolto por suas especificidades (risco, variações inerentes ao ambiente natural de prática, busca por fortes emoções, entre outras), as quais, de certa forma, demandam do profissional a tomada de medidas e estratégias conjuntas aos procedimentos didáticos e pedagógicos no decorrer do processo instrucional. Desse modo, as ações empreendidas pelo profissional na condução do processo de ensino-aprendizagem das atividades alternativas não se diferem dos aspectos didáticos e pedagógicos relativos ao ensino das modalidades convencionais.

Em resumo, as ramificações recorrentes do *slackline* e sua atuação/intervenção ocorrem conforme indicado a seguir.

Nas ramificações da modalidade *slackline*, destacam-se dez maneiras distintas de aplicabilidade. São elas: (1) *slackline*; (2) *trickline*; (3) *longline*; (4) *highline*; (5) *waterline*; (6) *baseline*; (7) *shortline*; (8) *spaceline*; (9) *yoga line*; e (10) *jump line*. Dessas ramificações surgem possibilidades para três campos de atuação/intervenção: área escolar; área fitness; e área de aventura. Para cada uma delas, torna-se necessária a criação de estratégias de ensino.

Na escola, o profissional precisa conhecer as especificidades da modalidade, atendendo às dimensões de ensino conceitual, procedimental e atitudinal.

A atuação/intervenção na área *fitness* tem por finalidade a promoção do fortalecimento muscular, o que exige do profissional o conhecimento tanto da modalidade quanto de questões fisiológicas de seu aluno.

Na área da aventura, o *slackline* terá duas aparições: em contato direto com o campo do lazer (*resorts*, clubes e outros espaços afins); e diretamente ligado ao esporte, fortalecendo as competições e as exigências de técnicas.

Portanto, independentemente da área de atuação/intervenção, o profissional deve conhecer os riscos da modalidade e saber calculá-los para minimizar eventuais acidentes.

Nesse sentido, é necessário conhecermos todas as partes que compõem um *slackline*, de modo que sua montagem se torne mais efetiva e segura ao praticante, sem comprometer sua integridade física durante a prática.

6.3 Partes componentes do *slackline*

Antes de tudo, é necessário saber quais são as partes que compõem o *slackline*, bem como as suas respectivas funcionalidades. Um *kit* completo do equipamento contém os seguintes itens: fita,

fita elo e catraca, protetor de árvore, protetor de catraca e *backup* de segurança.

Cada uma dessas partes tem sua funcionalidade no conjunto para a iniciação à modalidade. A seguir, descreveremos cada um desses itens.

Confeccionada em poliéster e com variações no seu comprimento, a **fita** pode ser encontrada comumente com 9, 10, 15 e 20 metros. Esse é o principal equipamento do *slackline*, pois é na fita que o praticante vai realizar os deslocamentos de um ponto ao outro e as tentativas de equilíbrio corporal.

Figura 6.1 Fita de *slackline*

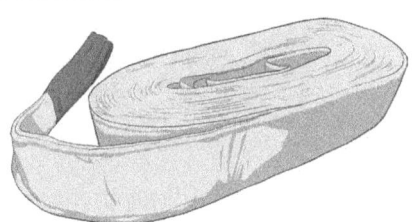

Também confeccionada em poliéster, a **fita elo** tem como função a promoção da ancoragem do equipamento. Já a **catraca**, uma peça em Epox é responsável pela tração da fita até que ela fique bem tensionada (esticada) para a realização da prática. Confira ambas na Figura 6.2, a seguir.

Figura 6.2 Fita elo e catraca

O **protetor de árvore** é o equipamento utilizado para evitar o atrito realizado no ponto de ancoragem, que gera estragos no equipamento, diminuindo a vida útil do *slackline*. Ao mesmo tempo, essa proteção minimiza os danos causados nas cascas das árvores.

Figura 6.3 Protetor de árvore

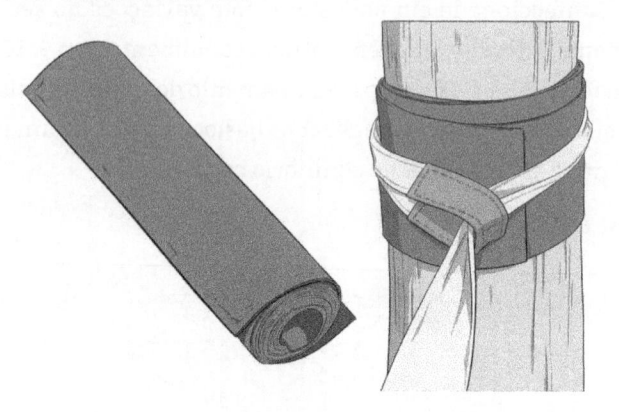

Já o **protetor de catraca**, feito de neoprene impermeável, tem como função proteger o equipamento dos danos causados diretamente pela natureza (sol e chuva), quando instalado e mantido ao ar livre. Também tem a finalidade de ampliar a segurança do praticante, caso caia acidentalmente próximo à catraca.

Figura 6.4 Protetor de catraca

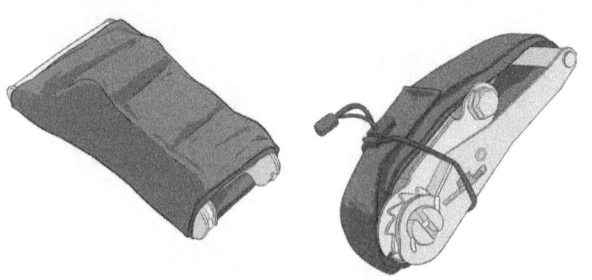

O *backup* **de segurança** é um equipamento simples, mas essencial em um *kit*. Seu sistema de segurança, ao redor da ancoragem e da catraca, evita que essa parte seja lançada ao praticante caso ocorra rompimento da fita elo central que prende a catraca.

Figura 6.5 *Backup* de segurança

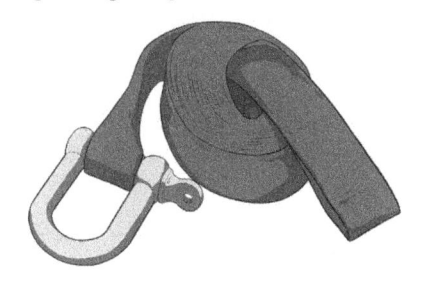

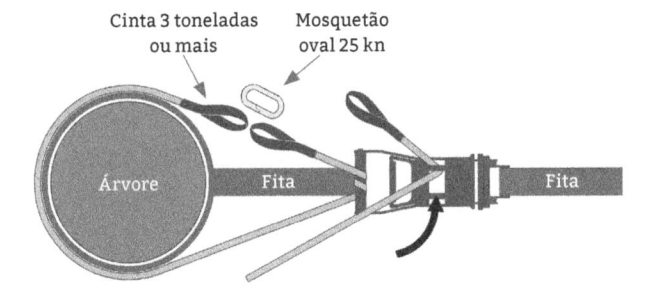

Cinta 3 toneladas ou mais
Mosquetão oval 25 kn
Árvore
Fita
Fita

Will Amaro

Embora o *kit* completo de *slackline* conte com cinco elementos, conforme apresentamos anteriormente, para a realização inicial da prática, podemos utilizar apenas a fita, a fita elo e a catraca e o protetor de árvore. Com esses três itens já é possível adaptar a modalidade às diferentes áreas de atuação (escolar, *fitness* e aventura).

Antes de seguirmos adiante, vale relembrar alguns detalhes importantes sobre a instalação do *slackline*:

- Procure por espaços abertos e espaçosos.
- Escolha árvores com caules grossos e resistentes.
- Evite instalar o *slackline* em postes e pilares.
- Fique atento aos terrenos arenosos.
- Faça uso de protetor de árvore.

E não se esqueça quais são as partes que compõem o *slackline*:

- Fita
- Fita elo e catraca
- Protetor de árvores
- Protetor de catraca
- *Backup* de segurança

Conforme apresentado sobre as partes do *slackline* e as especificidades na/para a escolha do local de montagem, torna-se necessário entender o processo de manuseio da catraca. A catraca é a "alma" do *kit* de *slackline*, por ser a responsável pelo tensionamento da fita, permitindo a estabilidade para caminhar e a elasticidade para as manobras no *trickline*, por exemplo. Ou seja, independentemente da ramificação do *slackline*, a catraca se faz essencial na montagem do equipamento.

Vale destacar que a catraca de *slackline*, embora se assemelhe à catraca de tensionamento de cargas de caminhão, difere-se justamente por ser testada e projetada para suportar a força exercida durante a prática.

Atualmente, existem dois tipos de catracas para *slackline* no mercado: a catraca de *kit* iniciante e a *power* catraca. Destacamos que a primeira tem a haste menor, bem como uma proteção na haste que gera maior conforto no momento da montagem.

Figura 6.6 Catraca de *slackline* – *kit* iniciante

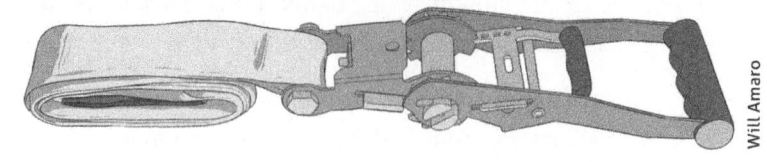

O outro tipo, a *power* catraca, diferencia-se da anterior por ter a haste mais alongada, exigindo menos força no momento de tensionar a fita. Na maioria das vezes, esse tipo de catraca é utilizado para esticar a fita do *trickline*.

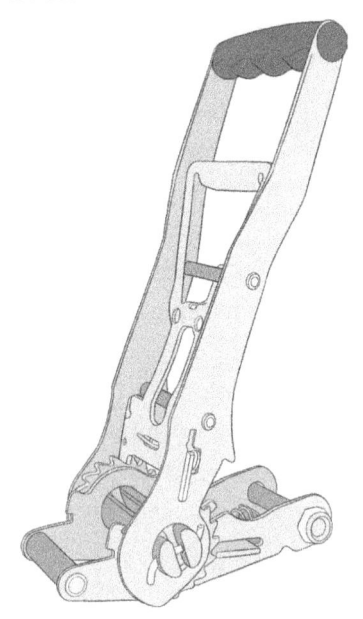

Figura 6.7 *Power* catraca

Além de ser necessário saber identificar cada parte que compõe o *slackline* e como seus equipamentos funcionam, é preciso entender quais são os seus procedimentos de montagem e de segurança.

6.4 Procedimentos para montagem do *slackline*

Durante a montagem do *slackline*, precisamos ter muito cuidado tanto com a integridade física de quem está montando o equipamento quanto com a manutenção de segurança para o praticante da modalidade. Entre os principais cuidados que devem ser tomados, destacamos a atenção com as mãos, pois elas, tanto na montagem quanto na desmontagem, ficam muito próximas às engrenagens da catraca, e estar desatento pode facilitar acidentes.

Também devemos ter cuidado com a proximidade do rosto à catraca. Embora seja necessário visualizar o que se está fazendo, ainda assim não se aconselha estar com o rosto tão próximo a ela. Do mesmo modo, devemos ter cautela com a força exercida durante o tensionamento da fita.

> Não se esqueça de observar a fita enquanto ela passa pela catraca: não deixe a catraca "morder" um dos lados, desfiando a fita e gerando riscos à integridade física do praticante.

Esticar a fita antes de catracar é uma boa medida de segurança. Ao mesmo tempo que facilitará a montagem do *slackline* – minimizará a possibilidade de colocar a fita virada ou torcida na catraca, diminuindo ainda a quantidade de fita enrolada no carretel –, esticar a fita dará a noção exata da força que poderá ser exercida, sem haver risco de ela estourar por excesso de fita.

O *backup* de segurança pode ser substituído pelo restante da fita do *slackline*, amarrando esse resto na haste da catraca e laçando-o nas ancoragens. Não se esqueça de observar a fita enquanto ela passa pela catraca: não deixe a catraca "morder" um dos lados, desfiando a fita e gerando riscos à integridade física do praticante.

Assim como na montagem, os cuidados com a proximidade das mãos nas engrenagens da catraca devem ser tomados no momento de desmontagem do equipamento.

Você ainda tem dúvidas sobre como montar o seu *slackline*? Destacamos a seguir, na Figura 6.8, as instruções básicas de manuseio de todo o equipamento. Confira.

Figura 6.8 Instruções de uso da catraca do *slackline*

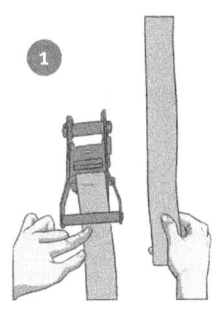

1. Verifique se não há torção na fita.

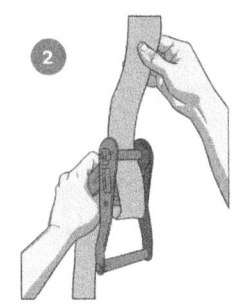

2. Passe a fita pelo vão do eixo da catraca.

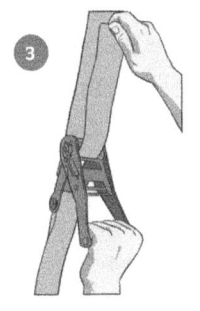

3. Pré-tensione a fita, eliminando o excesso antes de acionar a catraca.

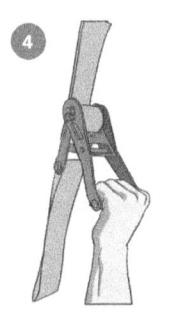

4. Acione a catraca até obter a tensão.

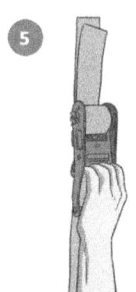

5. Para soltar, puxe completamente.

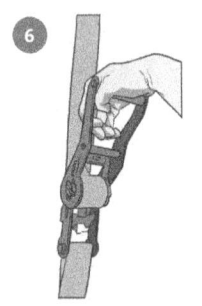

6. Abra a catraca em 180 graus e a cinta estará solta.

É necessário destacar que, além da montagem e dos cuidados com a catraca do *slackline*, ainda precisamos estar atentos à manutenção dessa catraca, de modo que a vida útil do equipamento se estabeleça ao tempo determinado pelo fabricante. Para que ela se mantenha em bom estado por mais tempo, é necessário:

- Não a deixar suja de areia, barro ou qualquer outro detrito.
- Após lavagem da catraca em água corrente, realizar a secagem imediatamente, para evitar possíveis ferrugens no equipamento.

- Manter a lubrificação da catraca, preferencialmente com grafite em pó.
- Guardar em local seco e arejado.
- Por fim, descartar a catraca sempre que houver pequenos defeitos nela.

Com essas medidas simples, além de aumentar o tempo de vida da catraca, isso minimizará os possíveis riscos gerados durante a prática da modalidade.

6.4.1 Montagem do equipamento

A montagem do *slackline* se torna simplificada após conhecermos as partes que compõem um *kit* de *slackline* e o manuseio de cada peça do equipamento.

Acompanhando a sequência ilustrativa a seguir, é perceptível o quanto a montagem do *slackline* é simples e fácil. Confira.

Figura 6.9 Instalação da fita e fita elo no ponto desejado

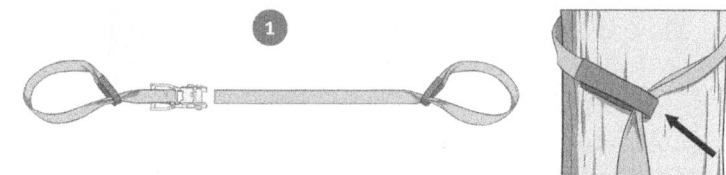

Coloque o protetor de árvore ao redor do ponto escolhido. Envolva com a fita elo com a catraca e a fita longa ao redor de duas árvores ou pontos de ancoragem. Recomendamos altura até 50 cm do chão.

Faça uma dobra na fita para cima, para que ela saia reta ao passar pelo elo.

Will Amaro

Fonte: Tozzi, 2020.

Conforme ilustramos na Figura 6.9, o primeiro passo é selecionar as árvores em que será realizada a montagem de seu equipamento. Após a escolha do ponto de fixação, devemos desenrolar a fita do *slackline* e mantê-la esticada no chão. Depois disso, vamos envolver os troncos das árvores selecionadas com os protetores de árvore (um por vez) e passar por cima do protetor de árvores a fita do *slackline*; repetiremos o procedimento na outra árvore, com a fita elo e a catraca.

Após a fixação dos equipamentos iniciais (protetor de árvore, fita e fita elo com catraca), devemos passar a fita na catraca.

Figura 6.10 União das extremidades da catraca e da fita do *slackline*

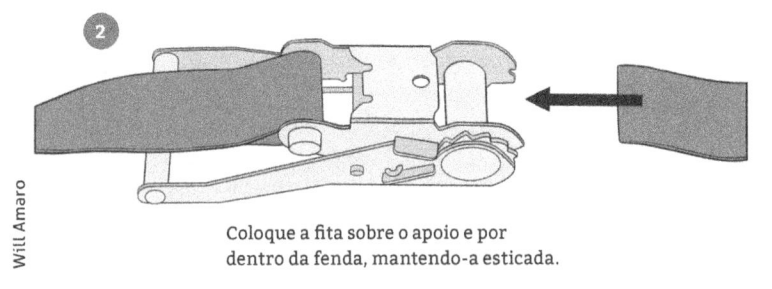

Coloque a fita sobre o apoio e por dentro da fenda, mantendo-a esticada.

Fonte: Tozzi, 2020.

Nas árvores a ponta da fita do *slackline* ficará solta bem como a catraca (pendurada na árvore). Essas duas extremidades devem se unir e, para isso, devemos pegar a extremidade da fita do *slackline* (que já estará esticada, sem o risco de enrolar) e passá-la por dentro da fenda existente na catraca, de cima para baixo.

Ao passar a fita do *slackline* pela fenda da catraca, devemos puxar a fita até que ocorra uma leve tensão do equipamento. É importante ficar atento para que essa fita não penda para as laterais da fenda, conforme demonstrado na Figura 6.11.

Figura 6.11 Indicação de tensão da fita do *slackline* antecedendo a catracagem

Puxe toda a fita até ela ficar o mais esticada possível.

Fonte: Tozzi, 2020.

Já com a fita do *slackline* posta na fenda da catraca, passamos para o próximo passo, que é catracar essa fita. Devemos posicioná-la adequadamente com a tensão apropriada para seu uso.

Figura 6.12 Instruções de uso de destravamento da catraca do *slackline*

Puxe a alavanca central até destravar o sistema. (catraca vista de baixo para cima)

Fonte: Tozzi, 2020.

Para iniciar o processo de catracagem, é necessário destravar a alavanca central da catraca. Esse procedimento ocorre ao puxarmos a alavanca central para cima, que automaticamente destravará o sistema de engrenagem da catraca. Ao ser destravada a alavanca, inicia-se o processo de tensionamento da fita, conforme demonstramos na Figura 6.13, a seguir.

Figura 6.13 Processo de catracagem e tensionamento da fita de *slackline*

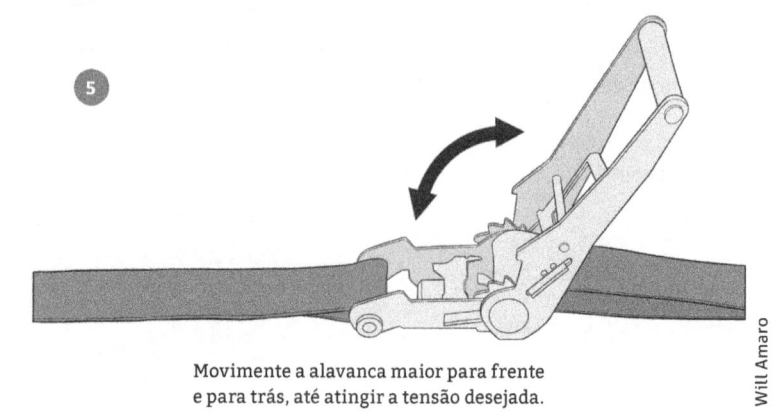

Movimente a alavanca maior para frente e para trás, até atingir a tensão desejada.

Fonte: Tozzi, 2020.

O movimento utilizado para fazer a catracagem da fita é um processo contínuo de "vai e vem" da alavanca da catraca, indo para frente e para trás, até alcançar a tensão desejada na fita. Ao alcançar esse tensionamento, devemos puxar a alavanca central até a posição inicial, para fazer o travamento da alavanca.

Feita essa sequência, o *slackline* estará pronto para ser utilizado. Observe a imagem a seguir e perceba se a sua montagem se assemelha à ilustração.

Figura 6.14 Ilustração da montagem final do *slackline*

6 Assim que atingir a tensão desejada, puxe a alavanca central até a posição inicial para travar a catraca.

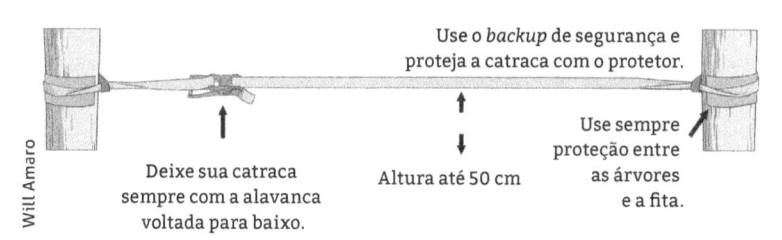

Use o *backup* de segurança e proteja a catraca com o protetor.

Deixe sua catraca sempre com a alavanca voltada para baixo.

Altura até 50 cm

Use sempre proteção entre as árvores e a fita.

Fonte: Tozzi, 2020.

Pronto! Agora o seu *slackline* está montado, mas não se esqueça de toda essa sequência. Com o passo a passo simplificado, você não se esquecerá mais de como fazer.

Você deve estar se perguntando: "Tudo bem, agora já sei montar o *slackline*, mas... e o processo de desmontagem?".

Não se preocupe. O processo de desmontagem é bem mais simples que o processo de montagem. A seguir você encontrará a descrição ilustrada da desmontagem do equipamento.

Figura 6.15 Instruções de desmontagem do *slackline*

1

Puxe a alavanca central e segure, levando todo o sistema na direção oposta.

Mantenha firmemente a alavanca puxada, e leve até a direção oposta até ouvir um CLICK de destravamento.

(catraca vista de baixo para cima) (catraca vista de baixo para cima)

Will Amaro

Fonte: Tozzi, 2020.

Para desmontar o *slackline*, basta destravar a alavanca central. Você deve posicionar a alavanca da catraca em sentido oposto ao travamento, ou seja, a alavanca deverá ficar toda aberta.

Nesse processo de destravamento da alavanca, você deve mantê-la firme, com leve pressão para cima, até que se escute um "*click*". Ao escutar o som de destravamento, basta puxar a fita até que ela saia completamente da catraca.

Relembremos o que estudamos até aqui: existem dois tipos de catraca no *slackline*, a catraca para iniciantes e a *power* catraca. A primeira tem a haste menor e também conta com proteção na haste, ao passo que a segunda tem a haste mais longa e exige menos força para tensionar a fita do *slackline*. A catraca utilizada nas fitas de carga de caminhão, por sua vez, não é indicada para a prática, pois não foi elaborada com esse intuito.

6.5 Aplicabilidade do *slackline* em diferentes espaços

Neste capítulo, já foram abordadas três áreas de atuação/intervenção com o uso do *slackline*: a educacional, a *fitness* (fortalecimento) e a de aventura. Para cada uma delas há diferentes formas de atuar/intervir, pois cada área apresenta suas especificidades, e um planejamento específico deve ser elaborado.

Ao estruturarmos um plano de ensino do *slackline* na área educacional, devemos atender às dimensões de ensino conceitual, atitudinal e procedimental. Lembramos que a **dimensão conceitual** se refere à compreensão do aluno sobre o conceito, a **dimensão atitudinal** aborda as ações referentes às atitudes do sujeito com relação ao conteúdo abordado e a **dimensão procedimental** diz respeito ao "como fazer" do conteúdo proposto. Todavia, vale destacar que "na prática docente não há como dividir os conteúdos nessas dimensões, embora possa dar ênfase maior em determinada dimensão" (Darido, 2008, p. 66).

Desse modo, podemos considerar que, ao inserir a prática do *slackline* nas aulas de Educação Física, numa abordagem que atenda às dimensões de ensino, tal prática vai agregar conhecimento aos alunos participantes dessa experiência corporal. A esse respeito, Franco (2010) aponta que as atividades de aventura ampliam o conhecimento em Educação Física quando as vivências proporcionam sensações e experiências que atingem o estudante de forma emocionalmente significativa, mesmo quando são práticas adaptadas às estruturas da instituição.

Esse tipo de atividade soma, qualificando a ligação entre as dimensões conceituais, atitudinais e procedimentais dos conteúdos, saberes que devem se conectar durante o processo pedagógico, de forma que o "saber fazer" não seja visto como um saber menor (Franco, 2010).

Para exemplificar a aplicabilidade do *slackline* de forma a atender às três dimensões, indicamos a seguir um plano de aula já experimentado com crianças, fato que fortalece a aproximação do discurso à vivência prática idealizada.

Quadro 6.3 Plano de atividade educacional

Plano de atividade 1: *slackline* na área educacional		
Dados de identificação		
Instituição: ONG Caminho Certo		
Endereço:		
Data: ___/___/___		**Horário:**
Turma: mista	**Idade:** a partir de 6 anos	**N. de alunos:** 25
Professor(a):		
Conteúdo		
Slackline – equilíbrio		
Dimensões		
Conceitual	Atitudinal	Procedimental
Os alunos deverão compreender o conceito básico de *slackline*, bem como perceber a modalidade como prática de aventura, esportiva e de lazer.	Os alunos deverão estar aptos a promover discussões reflexivas acerca do contexto histórico do *slackline*, resgatando a utilização da modalidade para melhoria do equilíbrio de alpinistas.	Os alunos deverão vivenciar diferentes atividades no *slackline*, as quais ampliem sua capacidade de equilíbrio corporal.

Objetivos

Objetivo geral:

- Ampliar o controle corporal com base no eixo de equilíbrio.

Objetivos específicos:

- Vivenciar atividades adaptadas de equilíbrio.
- Identificar o eixo corporal em equilíbrio.

(continua)

(Quadro 6.3 – conclusão)

Plano de atividade 1: *slackline* na área educacional		
Prática pedagógica		
Parte inicial	**Atividades principais**	**Encerramento**
Roda de conversa com os alunos e alunas, conceituando e promovendo ações reflexivas com relação ao contexto histórico do *slackline*.	Deve-se iniciar a aula com a caminhada do equilíbrio, estendendo uma corda no chão e colando suas extremidades e alguns pontos em sua extensão para que não saia do local. Solicitar que as crianças atravessem, de uma extremidade à outra, sobre a corda. Em seguida, deve-se promover passagem em cima da fita do *slackline* estendida no chão e também fixada com fitas, para que os alunos se familiarizem com o objeto. Por fim, deve-se realizar a travessia das crianças em um *slackline* montado a 50 cm do chão e bem tensionado, devendo haver uma corda fixada acima do *slackline* que sirva de suporte de apoio para o iniciante.	Em roda, deve-se problematizar com os alunos as dificuldades e as estratégias para a realização da proposta solicitada.

Como podemos perceber, no plano de aula exposto para a aplicabilidade do *slackline* na área pedagógica, as três dimensões de ensino – conceitual, atitudinal, procedimental – foram abordadas e cada qual corresponde a um momento da aula. No entanto, o planejamento dessa aula se apresenta de maneira fragmentada, pois, no momento da atuação/intervenção, as três dimensões se inter-relacionam de modo a ampliar o processo de ensino-aprendizagem.

Ao tratarmos as especificidades da área *fitness* (fortalecimento), o planejamento da aula será completamente diferente do proposta para a área educacional, visto que nessa área a preocupação estará atrelada a resultados corporais. Em outras palavras, a prática do *slackline* terá como fim o fortalecimento corporal do praticante, especialmente nos membros inferiores.

Desse modo, o professor/instrutor se organizará com um roteiro de atividades que atenda aos interesses de seus alunos/praticantes. Para esclarecer essa questão, o exemplo a seguir sugere como podemos organizar uma proposta de fortalecimento.

Quadro 6.4 Roteiro de atividade para área *fitness*

Ficha de treino 1	
Proposta	Atividade
Fortalecimento de membros inferiores	Andar sobre fita estendida no chão flexionando os joelhos; a cada 10 passadas, pausar por 5 segundos sobre a fita e manter a posição de pernas semiflexionadas, retomando as passadas até o fim da fita. Repetir o exercício três vezes.
Fortalecimento de abdome	Com o equipamento do *slackline* montado, andar sobre a fita, parar e estabilizar o eixo corporal com base na contração abdominal; na sequência, seguir novamente andando e parar mais uma vez em outro ponto da fita, contraindo o abdome para manter o equilíbrio. Repetir o exercício cinco vezes.

Ao observar a ficha de treino proposta para a área *fitness*, é perceptível que tudo consiste em séries e repetições, assim como ocorre nas academias. Ou seja, para se alcançar o objetivo pretendido, é necessário repetir até que se chegue o mais próximo da perfeição. Consequentemente, tais exercícios fortalecem áreas específicas do corpo.

Na ficha apresentada no Quadro 6.4, também é possível perceber que a estrutura utilizada para instituições formais (escolas) é divergente tanto no objetivo da proposta quanto na estética do planejamento. Na área da aventura, é comum encontrarmos roteiros daquilo que será realizado, fato muito comum em hotéis fazenda, *resorts* e clubes. Isso quase sempre estará especificado em duas categorias: horário e atividade.

Quadro 6.5 Cronograma de atividade de aventura

Roteiro de aventura	
Horário	**Atividade**
8 horas	Trilha ecológica
9 horas	Prática de *slackline*
10 horas	Circuito de aventura
12 horas	Almoço

Esse roteiro, especificamente, trata de atividades de aventura. Nesse sentido, o professor/monitor antecipa a realização de cada atividade ofertada, indicando os cuidados que devem ser tomados para cada proposta, elucidando os riscos.

O risco controlado é um dos elos entre as três propostas de ensino, pois, em todas elas, o risco deve ser calculado, a fim de que sejam evitados acidentes durante a realização da prática. Também se frutificam nas três áreas de atuação/intervenção – escolar, *fitness* (fortalecimento) e aventura – a possibilidade de se trabalhar com o *slackline* em uma perspectiva de lazer, pois dificilmente uma pessoa vivenciará a prática do *slackline* em um desses âmbitos de atuação e não o reproduzirá em algum momento livre de sua vida.

Nesse sentido, torna-se necessário oportunizar ao indivíduo vivências de diferentes práticas corporais, em um processo educacional intenso e efetivo, de modo a valorizar o desenvolvimento amplo, que possa ser relacionado com o lazer, nas diferentes esferas sociais (econômica, afetiva, psicossocial e cultural). A dimensão humana do descanso, do divertimento e dos desenvolvimentos pessoal e social também necessita de uma abordagem ampla para ocorrência do desenvolvimento integral dos indivíduos.

Síntese

Neste capítulo apresentamos diferentes maneiras de atuação/intervenção do *slackline* com base em suas ramificações (*trickline*; *longline*; *highline*; *waterline*; *baseline*; *spaceline*; *shortline*; *yoga line* e *jump line*). Tal prática pode ser realizada tanto em âmbito escolar quanto em espaços não institucionalizados, como clubes, *resorts*, praças públicas e academias. Todavia, os cuidados com a montagem e a desmontagem do equipamento e a segurança do praticante devem ser evidenciados em qualquer local de atuação/intervenção.

Vale destacar que o ensino do *slackline*, quando bem executado, contribui para o desenvolvimento integral do indivíduo, favorecendo a extensão dessa prática para o lazer, visto que a vivência corporal da modalidade se repetirá no tempo livre de quem a pratica.

Indicações culturais

ISRAEL ALEXANDRE VARREIRA. Disponível em: <https://www.youtube.com/user/IAVarreira/videos>. Acesso em: 16 jan. 2020.

Para que você possa aprofundar seu conhecimento sobre o *slackline*, sugerimos o canal de YouTube do brasileiro Israel Alexandre, que explora aspectos técnicos da modalidade, como os movimentos e orientações para sua prática, aprendizagem e desenvolvimento.

ASHBURN, H. **How to Slackline!** A Comprehensive Guide to Rigging and Walking Techniques for Tricklines, Longlines, and Highlines. Guilford: Falcon Guides, 2013.

Esse livro, escrito por Hayley Ashburn e com fotografias de Scott Rogers, analisa aspectos conceituais, históricos e práticos da modalidade.

Atividades de autoavaliação

1. A prática do *slackline* exige do atleta técnicas de equilíbrio e manobras distintas no decorrer do percurso. Para tanto, a biodinâmica dos movimentos consiste em:

   I. Flexionar os joelhos e contrair abdome.
   II. Fixar o olhar em um ponto específico e caminhar lentamente.
   III. Encontrar o centro de equilíbrio corpóreo sobre a fita; semiflexionar joelhos e contrair abdome.
   IV. Manter os braços abertos para melhorar o equilíbrio, centrar o peso no o pé que estiver apoiado na fita.

   A seguir, assinale a alternativa que contém as respostas corretas:

   a) I e II.
   b) II e III.
   c) I e III.
   d) I, II e III.
   e) Somente a III.

2. Sobre risco, podemos afirmar que:

   I. Nenhuma prática alternativa gera riscos.
   II. Oportuniza ao praticante agir de forma reflexiva.
   III. É importante ter conhecimento da modalidade.

   A seguir, assinale a alternativa que contém as respostas corretas:

   a) Somente a I.
   b) I e II.
   c) I e III.
   d) II e III.
   e) I, II e III.

3. A didática de ensino do *slackline* ocorre por meio de oito tópicos. Quais das opções a seguir fazem parte desses tópicos?
   I. Conhecer a modalidade.
   II. Não há necessidade em saber montar o equipamento.
   III. Oportunizar a travessia de livre escolha.
   IV. Criar movimentos.
   V. Explorar o *slackline*.

   A seguir, assinale a alternativa que contém as respostas corretas:
   a) I, II e V.
   b) I, III, IV e V.
   c) I, II, IV e V.
   d) I, III e V.
   e) I, IV e V.

4. O *kit* de *slackline* é composto por:
   I. Cinta, catraca e corda.
   II. Fita, fita elo e protetor de árvore.
   III. Protetor de catraca, catraca e fita elo.
   IV. Fita, fita elo e catraca, protetor de árvore, protetor de catraca e *backup* de segurança.

   A seguir, assinale a alternativa que contém as respostas corretas:
   a) I e III.
   b) II e IV.
   c) I e IV.
   d) III e IV.
   e) Somente a IV.

5. Tendo em vista o contexto histórico do *slackline*, leia atentamente as afirmações a seguir e identifique qual é a correta.

   a) Iniciou-se na década de 1970, na Califórnia, influenciado por alpinistas e escaladores que frequentavam o Parque Yosemite Valley.
   b) Pode ter sido influenciado por atletas circenses dos Estados Unidos, pois, na época, eram esses atletas os que mais faziam uso da corda bamba nos circos e em diferentes espaços da cidade.
   c) Assim como outros esportes, sua origem é incerta. Há quem defenda a aparição do *slackline* por influência de atletas circenses no Estado do Colorado (EUA), assim como há os defensores de o surgimento da modalidade estar relacionado à prática de lazer dos alpinistas que frequentavam o Parque Yosemite Valley, no Estado da Califórnia (EUA).
   d) A modalidade se originou com base na necessidade de novos frequentadores de academias, clubes e escolas, que buscam na contemporaneidade modalidades que se diferenciem das convencionais, ampliando o risco e a adrenalina durante a execução da atividade.
   e) O *slackline* foi criado pela World Slacklines Federation (WSFED), na Alemanha, em 2011.

Atividades de aprendizagem

Questões para reflexão

1. Quais são as vantagens e as desvantagens do *slackline* com relação a outras atividades físicas alternativas apresentadas neste livro?

2. A catraca do *slackline* tem apenas um modelo? Ela pode ser substituída pela catraca de fita de carga de caminhão?

Atividade aplicada: prática

1. Faça um planejamento de ensino do *slackline* para cada uma das três áreas de atuação/intervenção propostas. Lembramos que os planos apresentados são modelos de organização de ensino e de promoção de vivências corporais do *slackline*.

Considerações finais

Chegamos ao final da nossa aventura com atividades físicas alternativas. Inicialmente, você conheceu as primeiras técnicas corporais (ioga, antiginástica, eutonia, meditação), as quais contestaram o excesso de repetição técnica do movimento sem consciência corporal. Essa fase foi essencial para a educação física ter uma visão menos tecnicista do corpo e mais voltada aos diferentes propósitos do movimento, como saúde (*wellness*), risco, condicionamento físico (*fitness*), inclusão social e educação.

Posteriormente, ampliamos a perspectiva da palavra *alternativo* com base em diferentes visões: filosófica, estética, social, pedagógica, ecológica e étnica. Isso possibilitou que, atualmente possamos enxergar as atividades físicas alternativas em diferentes dimensões da educação física. Ainda permanece a reflexão trazida pelas primeiras manifestações de superar o movimento mecânico, sem "corpoconsciência". Em acréscimo, as novas práticas corporais que podem ser alternativas são uma forma de promover o "novo" e o "diferente" como valores fundamentais em uma sociedade multicultural, cheia de diferenças e diversidades – e que não venceu a problemática do sedentarismo populacional.

Após essa contextualização, avançamos para as atividades físicas de aventura como conteúdo principal do livro. Detalhamos os conhecimentos sobre navegação, *parkour*, *skate*, escalada e *slackline*. A importância dessas práticas consideradas alternativas ou até marginais é que vivemos em uma sociedade em que tomar decisões diante de situações de risco é uma habilidade valorizada. Outro aspecto que ajuda a entender a ascensão dessas e de outras atividades físicas alternativas é que a maior parte da população brasileira vive nas cidades e convive com o estresse crônico, a fadiga geral e o tédio, além de ter menor contato com a natureza. Há reconhecimento social e científico de que esportes de aventura ou ginásticas alternativas promovem uma ruptura, ainda que momentânea, com o cotidiano e trazem sensação de paz ou entusiasmo.

Podemos citar algumas evidências a esse respeito, como o caso do *parkour*, uma ginástica de aventura que explora diferentes movimentos em obstáculos urbanos. No início, essa prática sofreu discriminação, mas depois passou a receber patrocínios de marcas globais interessadas na juventude e, em 2018, foi oficialmente reconhecida pela Federação Internacional de Ginástica. De fato, modalidades de aventura passaram a ganhar mais centralidade na biografia de movimento. Aliás, na área escolar, a Base Nacional Comum Curricular (BNCC) incluiu as práticas corporais de aventura como conteúdo oficial. Essa é mais uma prova de que o que antes era alternativo também pode e precisa ocupar um espaço no cotidiano da educação física.

Por isso, consideramos que se abre uma janela de oportunidades para os graduados em Educação Física. O material deste livro pode ser uma ferramenta para você ampliar suas oportunidades no mercado de trabalho, alcançando diferentes públicos que estão em busca de alternativas para a atividade física, principalmente na perspectiva do lazer e da qualidade de vida.

Concluída a leitura desta obra, nossa aspiração é que você tenha obtido conhecimento para pensar com criticidade e atuar com criatividade com novas possibilidades. Esperamos que este livro tenham proporcionado uma ampliação de sua visão e que, a partir de agora, possamos tornar as atividades físicas alternativas uma realidade positiva na vida das pessoas.

Lista de siglas

ABEE – Associação Brasileira de Escalada Esportiva
Abeta – Associação Brasileira das Empresas de Ecoturismo de Turismo de Aventura
ABPK – Associação Brasileira de Parkour
Adapt – Art du Deplacement and Parkour Teaching
Aguiperj – Associação de Guias, Instrutores e Profissionais de Escalada do Estado do Rio de Janeiro
Anpel – Associação Brasileira de Pesquisa e Pós-Graduação em Estudos do Lazer
BNCC – Base Nacional Comum Curricular
CBME – Confederação Brasileira de Montanhismo e Escalada
CBO – Confederação Brasileira de Orientação
CBSK – Confederação Brasileira de Skate
COI – Comitê Olímpico Internacional
Diesporte – Diagnóstico do Esporte no Brasil
DM – Declinação Magnética
E – *East* (Leste)
EAE – Estrutura artificial de escalada
FIG – Federação Internacional de Ginástica
GPS – *Global Positioning System* (Sistema de Posicionamento Global)
IBGE – Instituto Brasileiro de Geografia e Estatística

IFCE – Instituto Federal de Educação, Ciência e Tecnologia do Ceará
IFP – Federação Internacional de Parkour
IFSC – International Federation of Sport Climbing
ITCG-PR – Instituto de Terras, Cartografia e Geologia do Paraná
N – Norte
Nasf – Núcleo Ampliado de Saúde da Família
OMS – Organização Mundial da Saúde
PST – Programa Segundo-Tempo
RPG – Reeducação Postural Global
S – Sul
UIAA – Union Internationale des Associations d'Alpinisme
UTM – Universal Transversa de Mercator
W – *West* (Oeste)
WFPF – World Freerunning and Parkour Federation
WSFED – World Slacklines Federation

Referências

13º DISTRITO. Direção: Pierre Morel. França: Europa Corp., 2004. 86 min.

13º DISTRITO: Ultimatum. Direção: Patrick Alessandrin. França: Europa Corp., 2009. 106 min.

ABEE – Associação Brasileira de Escalada Esportiva. Disponível em: <http://www.abee.net.br>. Acesso em: 13 jan. 2020.

ABETA – Associação Brasileira das Empresas de Ecoturismo de Turismo de Aventura. Disponível em: <http://abeta.tur.br/pt>. Acesso em: 13 jan. 2020.

ABPK – Associação Brasileira de Parkour. **Sobre**. Disponível em: <https://www.facebook.com/pg/abpkoficial/about>. Acesso em: 13 jan. 2020.

ACZEL, A. D. **Bússola**: a invenção que mudou o mundo. Rio de Janeiro: J. Zahar, 2002.

ADAPT. **Level 1 Coach Certification**. Disponível em: <https://adaptqualifications.com/products/level-1-coach-certification-north-america>. Acesso em: 13 jan. 2020.

AGUIPERJ – Associação de Guias, Instrutores e Profissionais de Escalada do Estado do Rio de Janeiro. Disponível em: <http://aguiperj.org.br>. Acesso em: 13 jan. 2020.

ALBUQUERQUE, F. N. B. de. A prática da orientação na geografia escolar: da vertente esportiva à pedagógica. **Revista Eletrônica Multidisciplinar Pindorama**, Eunápolis, v. 3, jul./dez. 2012.

ALMEIDA, E. M.; MARTINELI, T. Contribuições do slackline para o desenvolvimento humano. **EFDeportes**, Buenos Aires, v. 20, n. 207, 2015.

ALVEZ, C. S. R.; CORSINO, L. N. O parkour como possibilidade para a educação física escolar. **Motrivivência**, Florianópolis, n. 41, p. 247-257, 2013.

AMEEL, L.; TANI, S. Everyday Aesthetics in Action: Parkour Eyes and the Beauty of Concrete Walls. **Emotion, Space and Society**, v. 5, n. 3, p. 164-173, 2012.

ANGEL, J. M. **Cine Parkour**: a Cinematic and Theoretical Contribution to the Understanding of the Practice of Parkour. 235 f. Tese (Doutorado em Filosofia) – Brunel University, Brighton, 2011.

AURICCHIO, J. R. Segurança e gestão de riscos nas atividades de aventura. **EFDeportes**, Buenos Aires, v. 21, n. 215, abr. 2016. Disponível em: <http://www.efdeportes.com/efd215/riscos-nas-atividades-de-aventura.htm>. Acesso em: 13 jan. 2020.

BARROS, D. F. de. O slackline: do surgimento à evolução e seus benefícios. **EFDeportes**, Buenos Aires, v. 19, n. 202, mar. 2015. Disponível em: <http://www.efdeportes.com/efd202/o-slackline-do-surgimento-a-evolucao.htm>. Acesso em: 13 jan. 2020.

BARTHOLDO, T. L.; ANDRADE, M. V. P. **Esportes radicais**: praticando o slackline. Rio de Janeiro: Colégio de Aplicação da Universidade Federal do Rio de Janeiro, 2010.

BAVINTON, N. From Obstacle to Opportunity: Parkour, Leisure, and the Reinterpretation of Constraints. **Annals of Leisure Research**, v. 10, n. 3, p. 391-412, 2007.

BENÍTEZ, S. La orientación en la escuela. **Efdeportes**, Buenos Aires, v. 13, n. 128, 2009.

BERTHERAT, T.; BERNSTEIN, C. **O corpo tem suas razões**: a antiginástica e consciência de si. 21. ed. São Paulo: M. Fontes, 2010.

BRANDÃO, L. **A cidade e a tribo skatista**: juventude, cotidiano e práticas corporais na história cultural. Dourados: Ed. da UFGD, 2011.

BRASIL. Ministério do Esporte. **A prática de esporte no Brasil**. jun. 2015. Disponível em: < http://arquivo.esporte.gov.br/diesporte/2.html >. Acesso em: 13 jan. 2020.

CARDOZO, E. M. S.; COSTA NETO, J. V. S. Os esportes de aventura da escola: o slackline. In: CBAA – CONGRESSO BRASILEIRO DE ATIVIDADES DE AVENTURA, 5., 2010, São Bernardo do Campo. **Anais**... São Bernardo do Campo: CBAA, 2010.

CARVALHO, E. A. de; ARAÚJO, P. C. de. **Leituras cartográficas e interpretações estatísticas II**. Natal: Edufrn, 2009.

CASADO MORA, J. M. El deporte de orientación en el ámbito educativo: posibilidades didácticas del gimnasio. **EmásF: Revista Digital de Educación Física**, v. 2, n. 7, p. 82-94, 2010. Disponível em: <http://emasf.webcindario.com/El_deporte_de_orientacion_en_el_ambito_educativo.pdf>. Acesso em: 13 jan. 2020.

CASSINO Royale. Direção: Martin Campbell. Inglaterra: Sony Pictures, 2006. 106 min.

CASTILLO, F. Transversalidad, interdisciplinariedad y aprendizaje, una tríada que emerge de la espacialidad. **Revista Educación Física y Deporte**, v. 29, n. 2, p. 141-148, 2010.

CASTILLO-RETAMAL, F.; CORDERO, M. **Actividades en la naturaleza**: análisis y propuesta curricular para educación física. Talca: Universidad Católica del Maule, 2017. (Colección Textos de Apoyo a la Docencia, n. 39).

CASTILLO-RETAMAL, F; CORDERO-TAPIA, F.; SCOPEL, A. J. G. S. Interdisciplina y Educación: la Orientación Deportiva como propuesta sistémica. **Pensar em Movimiento**, v. 17, n. 2. 2019.

CBO – Confederação Brasileira de Orientação. Disponível em: <https://www.cbo.org.br>. Acesso em: 13 jan. 2020.

CBSK – Confederação Brasileira de Skate. **Pesquisas Datafolha**. 2015. Disponível em: <http://www.cbsk.com.br/uploads/repositorio/pesquisadatafolha2015.pdf>. Acesso em: 13 jan. 2020.

CLIFF, N. **Guerra santa**: como as viagens de Vasco da Gama transformaram o mundo. São Paulo: Globo, 2012.

CLUBE EXCURSIONISTA LIGHT. **Curso Básico de Montanhismo (CBM)**. 2019. Disponível em: <http://celight.org.br/cursos/cbm/index.php>. Acesso em: 13 jan. 2020.

CUNHA, N. M. B. **Escalada em Portugal**: estudo de caracterização sociodemográfica e desportiva dos praticantes, da prática e das variáveis determinantes no desempenho desportivo em Escalada. 139 f. Dissertação (Mestrado em Ciência do Desporto) – Universidade do Porto, Porto, 2005.

DAFLON, F. H. A.; DAFLON, C. A. A. **Escale melhor e com mais segurança**. Rio de Janeiro: Companhia da Escalada, 2007.

DARIDO, S. C. Os conteúdos da educação física na escola. In: DARIDO, S. C.; RANGEL, I. C. A. (Org.). **Educação física na escola**: implicações para a prática pedagógica. Rio de Janeiro: Guanabara Koogan, 2008. p. 64-79.

DÍAZ LUCEA, J. Educación física e interdisciplinaridad: una relación cada vez más necesaria. **Tándem: Didáctica de la Educación Física**, v. 33, p. 7-21, 2010.

EDWARDS, D. **The Parkour and Freerunning Handbook**. New York: Harper Collins, 2009.

ELIAS, N.; DUNNING, E. **A busca da excitação**. Lisboa: Difel, 1992.

ELLSWORTH, A. **Yoga**: anatomia ilustrada – guia completo para o aperfeiçoamento de posturas. Barueri: Manole, 2012.

ESPAÑA. Fuerzas Armadas. **Manual de enseñanza**: la escalada – ME7-009. 1999. Disponível em: <http://www.arapiles62.net/files/manual_de_escalada.pdf>. Acesso em: 13 jan. 2020.

FERNANDES, A. V.; GALVÃO, L. K. S. Parkour e valores morais: ser forte para ser útil. **Motrivivência**, Florianópolis, v. 28, n. 47, p. 226-240, 2016.

FERREIRA, R. A cartografia escolar e o desenvolvimento da habilidade espacial. **Geografia Ensino & Pesquisa**, Santa Maria, v. 17, n. 1, jan./abr. 2013.

FIG – Fédération Internationale de Gymnastique. Hiroshima to host 1st FIG Parkour World Championships in 2020. **FIG News**, 23 Aug. 2019. Disponível em: <https://www.gymnastics.sport/site/news/displaynews.php?idNews=2586>. Acesso em: 13 jan. de 2020.

FOLLARI, R. La interdisciplina en la docencia. **Polis: Revista Latinoamericana**, v. 16, 2007.

FRANCO, L. C. P. A adaptação das atividades de aventura na estrutura da escola. In: CBAA – CONGRESSO BRASILEIRO DE ATIVIDADES DE AVENTURA, 5., 2010, São Bernardo do Campo. **Anais...** São Bernardo do Campo: CBAA, 2010.

FRANCO, L. C. P.; CAVASINI, R.; DARIDO, S. C. Práticas corporais de aventura. In: GONZÁLEZ, F. J.; DARIDO; S. C.; OLIVEIRA, A. A. B. (Org.). **Práticas corporais e a organização do conhecimento**. Maringá: Eduem, 2014. v. 4. p. 101-135.

FRIEDMANN, R. **Fundamentos de orientação, cartografia e navegação terrestre**: um livro sobre GPS, bússolas e mapas para aventureiros radicais e moderados, civis e militares. 3. ed. Curitiba: Ed. da UTFPR, 2009.

GARCÍA, P. et al. **Actividad física en el medio natural para primaria y secundaria**. Sevilla: Wanceulen, 2005.

GÓMEZ MARTÍNEZ, S. **Deporte de orientación, currículo y patrimonio**: un método para desarrollar las destrezas curriculares en Educación Primaria. Madrid: Consejería de Educación, Juventud y Deporte, 2013.

GONZÁLEZ, D. **La actividad física en el medio natural**: la orientación en el ámbito escolar. Valladolid: Universidad de Valladolid, 2014.

GOOGLE MAPS. **Relevo**: visualizar topografia e elevação. 2019. Disponível em: <https://www.google.com.br/maps/@-25.3229447,-48.554318,15z/data=!5m1!1e4>. Acesso em: 13 jan. 2020.

GOUVEIA, A. P. M.; DUARTE, N. L.; NAVARRO, F. Perfil das lesões em praticantes de skate. **Revista Brasileira de Prescrição e Fisiologia do Exercício**, São Paulo, v. 2, n. 9, p. 306-313, 2008.

GRANZOTO, J. S. Slackline: uma abordagem sistematizada sobre o esporte. **Facider Revista Científica**, n. 9, p. 1-15, 2015. Disponível em: <http://sei-cesucol.edu.br/revista/index.php/facider/article/view/144/179>. Acesso em: 13 jan. 2020.

GURGEL, A. C. **Breve história da cartografia**: dos primórdios a Gerardus Mercator. Campo Largo: SG Leitura Digital, 2017. E-book.

GUSS, N. Parkour and the Multitude: Politics of a Dangerous Art. **French Cultural Studies**, v. 22, n. 1, p. 73-85, 2011.

HAGERTY, C. A History of Competition in Parkour 2007-2015. **Extreme Sports Magazine**, Manchester, 3 May 2016. Disponível em: <http://extremesportsx.com/2016/05/03/a-history-of-competition-in-parkour-2007-2015>. Acesso em: 13 jan. 2020.

HÉBERT, G. **L'education physique virile et morale par la méthode naturelle**: exposé doctrinal et príncipes derecteus de travail. Paris: Vuibert, 1941. Tomo 1.

HEIFRICH, J. et al. **The History of Slacklining**. 2012. Disponível em: <http://www.slackline-tools.com/know-how/history>. Acesso em: 20 jan. 2020.

IBAÑEZ; N.; LEÓN, M. **El concepto de orientación y su puesta en práctica en educación primaria**. Soria: Universidad de Valladolid, 2013.

IFSC – International Federation of Sport Climbing. **What is the IFSC?** Disponível em: <https://www.ifsc-climbing.org/index.php/about-us/what-is-the-ifsc>. Acesso em: 20 jan. 2020.

JUMP Britain. Direção: Mike Christie. Inglaterra: Channel 4, 2005. 60 min.

KELLER, M. et al. Improved Postural Control after Slackline Training is Accompanied by Reduced H-Reflexes. **Scandinavian Journal of Medicine & Science in Sports**, v. 22, n. 4, p. 471-477, 2012.

KIDDER, J. L. Parkour, the Affective Appropriation of Urban Space, and the Real/Virtual Dialectic. **City & Community**, v. 11, n. 3, p. 229-253, 17 Aug. 2012.

KRONLUND, M. **Técnica, táctica y estrategia de la carrera de orientación y del trazado de recorridos para las competiciones**. Madrid, 1991. Disponível em: <https://leonorientacion.files.wordpress.com/2009/01/carreras-de-orientacion-martin-kronlund.pdf>. Acesso em: 13 jan. 2020.

LAURO, F. A. A. Skate: de vilão a mocinho. In: MARINHO, A.; COSTA, E. T.; SCHWARTZ, G. M. (Org.). **Entre o urbano e a natureza**: a inclusão na aventura. São Paulo: Lexia, 2010. p. 69-73.

LIU, L. et al. Terrain Runner: Control, Parameterization, Composition, and Planning for Highly Dynamic Motions. **ACM Transactions on Graphics**, v. 31, n. 6, p. 1-9, 2012.

LORDÊLLO, A. F. **Abordagem histórico-crítica do parkour, seu processo de expansão e realidade na cidade de Salvador/BA**. 58 f. Monografia (Especialização em Metodologia do Ensino e da Pesquisa em Educação Física Esporte e Lazer) – Universidade Federal da Bahia, Salvador, 2011.

MAGALHÃES, W. G. **Noções básicas de cartografia**. Rio de Janeiro, 2018. Disponível em: <http://www.cartografica.ufpr.br/portal/wp-content/uploads/2013/09/Nocoes-Basicas-Cartografia.pdf>. Acesso em: 13 jan. 2020.

MAHAFFLEY, B. J. **Physiological Effects of Slacklining on Balance and Core Strength**. 2009. Disponível em: <https://minds.wisconsin.edu/bitstream/handle/1793/37462/MahaffeyBen2009.pdf>. Acesso em: 20 jan. 2020.

MELERO, M. Tratamiento de la orientación como actividad deportiva en las clases de educación física. **Efdeportes**, Buenos Aires, n. 138, 2009.

MELLO, N. C. da S.; MELLO, L. A. C. de, RODRIGUES, E. T. Desporto orientação como prática educativa. **Em Extensão**, Uberlândia, v. 9, n. 2, p. 87-100, jul./dez. 2010.

MORETTO, V. P. **Planejamento**: planejando a educação para o desenvolvimento de competências. Petrópolis: Vozes, 2010.

NAVIGATION. In: **Online Etymology Dictionary**. Disponível em: <https://www.etymonline.com/search?q=navigation>. Acesso em: 13 jan. 2020.

OLIVEIRA, M. **Apontamentos de escalada**. Coimbra: Faculdade de Ciências do Desporto e Educação Física da Universidade de Coimbra, 2010.

PADILHA, R. P. **Planejamento dialógico**: como construir o projeto político-pedagógico da escola. São Paulo: Cortez/Instituto Paulo Freire, 2001.

PAIXÃO, J. A. **O instrutor de esporte de aventura no Brasil e os saberes necessários a sua atuação profissional**. Curitiba: CRV, 2012.

PANDEY, K. **Perfect and Acute Guide of Astounding Parkour Moves for Beginners**. 10 May 2018. Disponível em: <https://sportsaspire.com/parkour-moves-for-beginners>. Acesso em: 13 jan. 2020.

PAOLETTI, P.; MAHADEVAN, L. Balancing on Tightropes and Slacklines. **Journal of the Royal Society**, v. 9, n. 74, 18 Apr. 2012.

PARANÁ. Secretaria do Meio Ambiente e Recursos Hídricos. Instituto de Terras, Cartografia e Geologia do Paraná. **Cartas topográficas**. Escala 1:25.000 – Litoral Paranaense 2859-1-NO. Disponível em: <http://www.itcg.pr.gov.br/modules/conteudo/conteudo.php?conteudo=51>. Acesso em: 13 jan. 2020.

PARKOUR GENERATIONS. 2018. Disponível em: <http://parkourgenerations.com>. Acesso em: 20 jan. 2020.

PARKOUR PASOS BÁSICOS. **Aprende nuevos movimientos**. 21 mar. 2014. Disponível em: <http://parkourfacil.blogspot.com/2014/03/aprende-nuevos-movimientos.html>. Acesso em: 13 jan. 2020.

PARKOUR PORTUGAL. **Método natural**. Maio 2008. Disponível em: <http://www.parkour.pt/site/artigos/parkour/pt_metodo_natural.html>. Acesso em: 13 jan. 2020.

PAZ, D.; PIMENTEL, G. G. A. **Gestão de riscos no ensino do skate**. 7 set. 2017. Disponível em: <https://www.youtube.com/watch?v=RwVqX2vs1ts>. Acesso em: 13 jan. 2020.

PEREIRA, C. G. Skate: tutorial pedagógico de skate para profissionais de educação física. In: PEREIRA, D. W. (Org.). **Novas experiências na aventura**. São Paulo: Lexia, 2015. p. 24-47.

PEREIRA, D. W. **A escalada e o profissional de educação física no Brasil**: contradição, diálogo e complementariedade. 22 fev. 2016. Disponível em: <https://blogdescalada.com/a-escalada-e-o-profissional-de-educacao-fisica-no-brasil-contradicao-dialogo-e-complementariedade>. Acesso em: 13 jan. 2020.

PEREIRA, D. W. **Escalada**. São Paulo: Odysseus, 2007.

PEREIRA, D. W.; ARMBRUST, I. **Pedagogia da aventura**: os esportes radicais, de aventura e de ação na escola. Jundiaí: Fontoura, 2010.

PEREIRA, D. W.; MASCHIÃO, J. M. Primeiros passos no Slackline. **EFDeportes**, Buenos Aires, v. 17, n. 169, 2012.

PERRIÉRE, C.; BELLE, D. **Le parkour**: des origines à la pratique. Paris: Amphora, 2014.

PIMENTEL, G. et al. Atividades alternativas na educação física escolar. **Revista Educação Física UNIFAFIBE**, Bebedouro, v. 5, p. 176-196, 2017.

PORTELA, T. **O efeito de um treino em superfícies instáveis**. Dissertação (Mestrado em Ciências Médicas e da Saúde) – Universidade do Porto, Porto, 2010. Disponível em: <http://hdl.handle.net/10216/95866>. Acesso em: 13 jan. 2020.

PRÓ PARKOUR. **Manifestações Desafio Urbano de Parkour**. 4 jan. 2015. Disponível em: <https://proparkourbr.wordpress.com/2015/01/04/manifestos-desafio-urbano-de-parkour>. Acesso em: 13 jan. 2020.

RAUSCHMAYER, H. **Curso básico de montanhismo**: técnicas de segurança. Rio de Janeiro: Clube Excursionista Light, 2018. Apostila.

REHBEIN, I. F. S. **Proposta metodológica para ensino de parkour**. 47 f. Monografia (Bacharelado em Educação Física) – Universidade Tecnológica Federal do Paraná, Curitiba, 2013.

REIS, J. C. B. dos; CARVALHO, A. F. de. Didática no Brasil: planejamento de ensino e avaliação escolar. **Revista de Estudos Literários da UEMS**, v. 15, n. 1, 2017.

RUSH Hour. Direção: Brett Ratner. EUA: New Line Cinema, 1998. 98 min.

SANT'ANNA, M. et al. **Planejamento de ensino e avaliação**. 11. ed. Porto Alegre: Sagra-DC Luzzato, 1995.

SANTOS, C. **Cartografia e representação espacial**: tópicos de Geografia Física. [S.l.: s.n.], 2015. E-book.

SAVILLE, S. J. Playing with Fear: Parkour and the Mobility of Emotion. **Social & Cultural Geography**, v. 9, n. 8, p. 891-914, 2008.

SILVA, A. A. S.; POLI, J. J.; PEREIRA. D. W. Iniciação ao Slackline: uma proposta de ensino. **EFDeportes**, Buenos Aires, v. 18, n. 184, 2013.

SILVA, N. da; CASTRO, L.; RODRIGUES, E. Desporto de orientação como prática educativa. **Em Extensão**, Uberlândia, v. 9, n. 2, p. 87-100, jul./dez. 2010.

SOARES, C. L. Georges Hébert e o método natural: nova sensibilidade, nova educação do corpo. **Revista Brasileira de Ciências do Esporte**, Brasília, DF, v. 25, n. 1, p. 21-39, 2003.

SOHAN, A. How to Dash Vault. **Wikihow**, 16 Feb. 2017. Disponível em: <https://www.wikihow.com/Dash-Vault>. Acesso em: 20 jan. 2020.

SPINK, M. J. et al. Onde está o risco? Os seguros no contexto do turismo de aventura. **Psicologia & Sociedade**, Belo Horizonte, v. 16, n. 2, p. 81-89, 2004.

STRAMANDINOLI, A. L. M.; REMONTE, J. G.; MARCHETTI, P. H. Parkour: história e conceitos da modalidade. **Revista Mackenzie de Educação Física e Esporte**, São Paulo, v. 11, n. 2, p. 13-25, 2012.

THIBAULT, V. **Parkour and the art du déplacement**: strength, dignity, comunity. Montréal: Baraka Books, 2014.

THIESEN, J. S. A interdisciplinaridade como um movimento articulador no processo ensino-aprendizagem. **Revista Brasileira de Educação**, v. 13, n. 39, p. 545-554, 2008.

TOZZI, R. **Slackline**: como montar e desmontar o slackline. Disponível em: <http://marciao.lwsite.com.br/slackline>. Acesso em: 13 jan. 2020.

TREPAT, C.; COMES, P. **El tiempo y el espacio en la didáctica de las ciencias sociales**. Barcelona: Graó, 1998.

UIAA – Union Internationale des Associations d'Alpinisme. Disponível em: <http://www.theuiaa.org>. Acesso em: 13 jan. 2020.

VARELA, A. P. C. G. **Escalada desportiva**: atenção, concentração e memória visual ao longo de uma época desportiva. 63 f. Dissertação (Licenciatura em Desporto) – Universidade do Porto, Porto, 2009.

VECCHIOLI, D. Por Olimpíada e sem nome, parkour agora é uma modalidade da ginástica. **Olhar Olímpico**, 11 maio 2017. Disponível em: <https://olharolimpico.blogosfera.uol.com.br/2017/05/11/por-olimpiada-e-sem-nome-parkour-agora-e-uma-modalidade-da-ginastica/?cmpid=copiaecola>. Acesso em: 13 jan. 2020.

WFPF – World Freerunning and Parkour Federation. **History of WFPF**. Disponível em: <https://wfpf.com/history-wfpf>. Acesso em: 20 ago. 2020a.

WFPF – World Freerunning and Parkour Federation. **WFPF Instructor Certification Program**. Disponível em: <https://wfpf.com/wfpf-instructor-certification-program>. Acesso em: 20 ago. 2020b.

YAMAKASI. Direção: Ariel Zeitoun; Julien Seri. França: Europa Corp., 2001. 90 min.

YESCOM. **Regulamento Desafio Urbano de Parkour**. 2014. Disponível em: <http://www.yescom.com.br/desafiourbano/2014/portugues>. Acesso em: 13 jan. 2020.

YESCOM. **Regulamento Desafio Urbano de Parkour**. 2015. Disponível em: <http://www.yescom.com.br/desafiourbano/2015/portugues>. Acesso em: 13 jan. 2020.

Bibliografia comentada

Caso você queira aprofundar seus conhecimentos sobre a antiginástica, a seguir constam nossas indicações de leitura.

BERTHERAT, T.; BERNSTEIN, C. **O corpo tem suas razões**: a antiginástica e consciência de si. 21. ed. São Paulo: M. Fontes, 2010.

Essa obra apresenta a antiginástica com base em suas influências científicas e na medicina oriental. A ideia central é que muitas deformidades e dores corporais são inconscientemente causadas por nossos problemas pessoais não resolvidos. Isso sobrecarrega especialmente a musculatura dorsal, responsável por sustentar a coluna. A solução é uma consciência integrada de corpo, o que pode ser alcançado por meio de movimentos (antiginástica) que facilitem o desbloqueio das tensões e a circulação de energia reprimida pelos meridianos.

MYERS, T. W. **Trilhos anatômicos**: meridianos miofasciais para terapeutas manuais e do movimento. 3. ed. Barueri: Manole, 2016.

Uma das premissas da antiginástica é que uma tensão em alguma parte do corpo, se não for tratada, acaba por bloquear outros músculos. Esse livro demonstra como isso ocorre por meio da fáscia, que é uma estrutura que recobre todos os músculos, absorvendo parte das tensões mecânicas geradas pela atividade muscular. A obra é de caráter biológico e apresenta ilustrações anatômicas que permitem perceber que o músculo não é uma estrutura isolada.

Respostas

Capítulo 1

1. a.
2. d.
3. b.
4. c.
5. b.

Atividades de aprendizagem

Questões para reflexão

1. É possível, sim – entre outros motivos, porque essas práticas trazem novas sensações e são inclusivas, o que poderá motivar parte da população sedentária a se identificar com atividades físicas que fogem ao convencional.
2. A resposta é pessoal e pode ser fundamentada nas seções 1.1. e 1.2.

Atividade aplicada: prática

1. Haverá variações pessoais – cada pessoa responderá de uma forma ao exercício. Provavelmente, haverá dificuldade em iniciar uma prática nova, especialmente com relação à concentração e à fluidez de movimento. Todavia, ao final da semana, já se poderá ver melhora na concentração, no alívio ao estresse e na mobilidade articular.

Capítulo 2

1. b.
2. e.
3. d.
4. a.
5. a.

Atividades de aprendizagem

Questões para reflexão

1. **Resposta pessoal.**
2. **Resposta pessoal.**

Atividade aplicada: prática

1. **Resposta pessoal.**

Capítulo 3

1. b.
2. d.
3. c.
4. d.
5. b.

Atividades de aprendizagem

Questões para reflexão

1. O *parkour* (seus movimentos, suas técnicas e seus valores) podem ser inseridos:
    - nas academias em geral (de ginástica, de *crossfit* etc.), objetivando o condicionamento do corpo e a aptidão física;
    - como parte do treino de outras modalidades esportivas, a fim de fomentar técnicas e promover o condicionamento e a aptidão física;
    - nos espaços de lazer (parques, clubes, praças), como atividade que proporciona bem-estar, liberdade e exploração do espaço físico;
    - como esporte de rendimento a partir da participação em eventos competitivos da modalidade.

2. Resposta pessoal.

Atividade aplicada: prática

1. Resposta pessoal.

Capítulo 4

1. d.
2. d.
3. a.
4. e.
5. d.

Atividades de aprendizagem

Questões para reflexão

1. Treinamento desportivo; condicionamento físico; inclusão social.
2. Predominância do *skate street*, especialmente por ser a modalidade mais comum (na mídia e no cotidiano) e mais acessível (acesso a *shapes*). Ainda assim, outras possibilidades (como *cruise*) devem ser incentivadas.

Atividade aplicada: prática

1. Aplicar a atividade com segurança (gestão ativa e passiva dos riscos). Registrar o resultado e as dificuldades encontradas.

Capítulo 5

1. a.
2. b.
3. e.
4. b.
5. e.

Atividades de aprendizagem

Questões para reflexão

1. Resposta pessoal.
2. Resposta pessoal.

Atividade aplicada: prática

1. Resposta pessoal.

Capítulo 6

1. b.
2. d.
3. e.
4. e.
5. c.

Atividades de aprendizagem

Questões para reflexão

1. **Resposta pessoal.**
2. **Resposta pessoal.**

Atividade aplicada: prática

1. **Resposta pessoal.**

Sobre os autores

Allana Joyce Soares Gomes Scopel é mestra em Estudos do Lazer pela Universidade Federal de Minas Gerais (UFMG) e graduada em Gestão Desportiva e de Lazer e Licenciatura em Educação Física pelo Instituto Federal de Educação, Ciência e Tecnologia do Ceará (IFCE). Atualmente, leciona na graduação em Gestão Desportiva e de Lazer do IFCE.

Alessandra Vieira Fernandes é mestra em Educação Física pelo Programa de Pós-Graduação Associado em Educação Física da Universidade Estadual de Maringá (UEM) e da Universidade Estadual de Londrina (UEL) e graduada em Psicologia pela Universidade Federal de Campina Grande (UFCG). Atualmente, é responsável técnica do Centro de Psicologia Aplicada da Universidade Paranaense (Campus Francisco Beltrão).

Franklin Castillo-Retamal é mestre em Motricidade Humana pela Universidade Autónoma de Chile. Atualmente, leciona na graduação e pós-graduação em Ciências da Atividade Física na Universidad Católica del Maule, em Talca (Chile).

Giuliano Gomes de Assis Pimentel tem pós-doutorado em Turismo e Lazer (Universidade de Coimbra) e é doutor e mestre em Educação Física pela Universidade Estadual de Campinas (Unicamp). Coordenador da Escola de Aventuras e do Grupo de

Estudos do Lazer, é docente de graduação e pós-graduação (mestrado e doutorado) da Universidade Estadual de Maringá.

Luana Mari Noda é mestra em Educação Física pelo Programa de Pós-Graduação Associado em Educação Física da Universidade Estadual de Maringá (UEM) e da Universidade Estadual de Londrina (UEL), graduada em Educação Física – Licenciatura Plena pela UEM e docente no Ensino Fundamental I da Prefeitura Municipal de Mandaguaçu.

Silvana dos Santos é mestra em Educação Física pelo Programa de Pós-Graduação Associado da Universidade Estadual de Maringá (UEM) e da Universidade Estadual de Londrina (UEL), graduada em Artes Cênicas – Licenciatura pela UEM e graduada em Educação Física – Licenciatura pelo Centro Universitário de Maringá. Sócia-pesquisadora da Associação Brasileira de Pesquisa e Pós-Graduação em Estudos do Lazer (Anpel), é docente da disciplina Fundamentos de Lutas no Centro Universitário Metropolitano de Maringá (Unifamma) e docente no Ensino Fundamental I da Prefeitura Municipal de Maringá.